VIII | CONVERSACIONES PPC

PARA EVANGELIZAR ¿TODO VALE?

PLURALISMO EN LA TRANSMISIÓN DE LA FE

Joseba Louzao
Santiago Pons
Francisco Julián Romero Galán
Jesús Rojano

Instituto
Superior
de Pastoral

Diseño: Estudio SM

© 2025, de los autores
© 2025, PPC, Editorial y Distribuidora, S.A.
Impresores, 2
Parque Empresarial Prado del Espino
28660 Boadilla del Monte (Madrid)
ppcedit@ppc-editorial.com
www.ppc-editorial.es

ISBN 978-84-288-4279-2
Depósito legal: M-10149-2025
Impreso en la UE / Printed in EU

SALUDO Y PRESENTACIÓN

D. JESÚS AVEZUELA
Director de la Fundación Pablo VI

Buenos días, muchas gracias, Ana, por tus palabras.

Bienvenidos todos a la fundación Pablo VI a estas VIII Conversaciones PPC que organiza la editorial PPC con el Instituto Superior de Pastoral de la Universidad Pontificia de Salamanca con quien tenemos el placer de compartir en la Fundación Pablo VI, en el área académica. Es para nosotros un verdadero privilegio acoger este acto. Una organización como esta fundación, que además de su obra residencial y formativa, tiene entre sus ejes de acción el diálogo con la política, con la cultura y con la sociedad.

El tema que van a trabajar hoy es, como decía Ana en su presentación, de suma importancia: «Para evangelizar ¿todo vale? Pluralismo en la transmisión de la fe». Así es como reza el título de estas VIII Conversaciones PPC y, si me permiten, quiero expresarles en estas palabras de saludo que me conceden, una respuesta anticipada. Y es que como en muchas cosas en la vida también en la evangelización y en la comunicación, no todo vale.

Decía Carlos Alsina en un reciente discurso con motivo del Premio Francisco Cerecedo que le concedieron, no todo vale; que, a los comunicadores, entendido en un sentido amplio, les debe siempre mover el simple y radical apego a la verdad y a la coherencia. Una sana comunicación decía, en el marco del artículo 20 de nuestra constitución que es donde se reconoce la libertad de expresión, tiene siempre una función social imprescindible en el buen funcionamiento de las democracias. De ello, por supuesto, son responsables los comunicadores, las editoriales, a la hora de proporcionar al ciudadano herramientas necesarias para interpretar el mundo que le rodea y no estar siempre en la trinchera de un lado o de otro. Pero no menos responsables somos el resto de los ciudadanos muchas veces acabamos respirando de cualquier aire que nos llega y damos credibilidad a aquello que carece de independencia, de rigor, de decencia o de calidad.

Por eso respondo: «No todo vale». Es necesario que todos, todos, tomemos conciencia de una ética pública que debe acompañarnos a la hora de verter cualquier tipo de formación de opinión pública, en la evangelización, o en cualquier otro acto con un impacto público. Siempre, todo esto, conlleva responsabilidad. La responsabilidad no es solo de los políticos, no es solo de los empresarios, no es de los otros, la responsabilidad es de todos, también de cada uno de nosotros. En nombre de grandes principios y, en concreto, de esa libertad de expresión a la que hacía referencia, en ocasiones, se cometen, y lo estamos viendo muchas veces en las redes, grandes excesos que van contra la dignidad de los seres humanos como valor fundamental, que podemos y que debemos proteger. Insisto, «No todo vale», conviene quizás a este respecto recordar nuestra historia más reciente:

Los ciudadanos de los años 20 del siglo pasado, hace por tanto 100 años, deslumbrados por esa excitada forma de vivir y por la efervescencia económica y de progreso que experimentaron a la salida de la calamitosa Primera Guerra Mundial, no pudieron intuir que aquella década feliz desembocaría en desastres económicos políticos, sociales, que provocaron como todos ustedes bien saben el *Crack del 29*, las grandes purgas soviéticas, holocaustos, segundas guerras mundiales, en nuestro país, nada más y nada menos, que la Guerra Civil. Tal vez no lo intuyeron porque no vieron o no pudieron ver, que detrás de aquellas fiestas locas del Charlestón, de un desbocado mercado de valores, se escondían otros mundos de desigualdades sociales y económicas que terminaron en un imparable avance de populismos, de polarizaciones, de sucesos por todos bien conocidos.

Lejos evidentemente de pretensiones agoreras como las que parece que estoy haciendo, tan solo quisiera llamar la atención de que debemos estar siempre atentos a las reacciones sociales, políticas, culturales que pueden derivarse de estos momentos de polarización en los que nos encontramos. Por eso insisto mucho en la idea de responsabilidad de todos y de ejemplaridad. Por un lado, el buen fin de esa buena ciudadanía más libre, más empoderada que actualmente estamos viviendo a través de las redes. Hoy podemos mantener casi una comunicación de igual a igual con cualquiera como jamás ha ocurrido en la civilización occidental. Ello, a su vez, nos obliga ejercer una mayor responsabilidad, un plus de responsabilidad y compromiso, generando actitudes cívicas que, aunque parezca que tienen naturaleza privada, en cualquier acto por muy pequeño que sea, son de gran resonancia y son de influencia en muy diversos entornos personales y profesionales. Cualquier acción, cualquier acción, que hoy llevamos a cabo tiene impacto público queramos o no. Y, por otro lado, les decía también la idea de ejemplaridad. Esa fuerza persuasiva de ejemplo virtuoso a la que se refiere Javier Gomá, que siempre suelo citar, generadora de costumbres cívicas que debe imponerse en este momento de la historia posnihilista, donde el autoritarismo y la coerción ya apenas rigen en las relaciones.

Está claro que se está produciendo un cambio del mundo a una velocidad sin precedentes en la historia, que nos obliga a todos, no solo a autoridades civiles y eclesiásticas, a todos, y en particular a nosotros a los católicos que estamos aquí llamados a la evangelización, a tener una mayor visión, una visión con altura, esto es a desancorarse de lo obsoleto para gestionar mejor y más adecuadamente. Y salir de eso que Fernández Armesto ha denominado esa «ansiedad irracional» de la gente que piensa que puede perder el hilo de su identidad, para transmitir a las nuevas generaciones un mensaje de esperanza, como el que aquí buscaremos hoy, conforme con los signos de los tiempos en el sentido magistralmente interpretado por *Gaudium et spes*, una adaptación, una nueva mentalidad, a la metamorfosis que en la vida social y cultural se está produciendo.

En España, como en otros muchos países de Occidente, estamos experimentando un evidente proceso de secularización vertiginoso. Tomáš Halík lo denominaba aquí hace unas pocas semanas, en este mismo auditorio, «el atardecer del cristianismo». Pero, el mismo autor, reconoce que, en paralelo a este proceso de secularización, se advierte la necesidad y la búsqueda por los individuos de una mayor espiritualidad, que requiere ser acompañada, acomodada, transmitida de otra manera, a este nuevo tercer milenio que hemos iniciado.

Termino parafraseando al cardenal Fernando Sebastián en el que quizás fuera su último discurso público, también en este escenario, decía que en estos momentos en lo que todo está en revisión, decía y por eso cogía la frase: «No todo vale». Los católicos queremos ser reconocidos en nuestra identidad como miembros de pleno derecho en nuestra sociedad democrática, y nos sentimos comprometidos a ofrecer lo mejor de nosotros y de nuestro patrimonio espiritual para el enriquecimiento de nuestra cultura y fortalecimiento de nuestra convivencia.

Pues bien, estoy seguro de que estas conversaciones que hoy organiza PPC con el Instituto Superior de Pastoral tendrán en cuenta todos estos y otros muchos aspectos. Y, por eso es imprescindible, como van a hacer a lo largo del día de hoy, detenerse, pensar en la sociedad que tenemos, en nuestras fortalezas, en nuestras debilidades, en los peligros, en los muchos peligros que nos acechan, y en las posibilidades que tenemos todos, cada uno, desde nuestra atalaya, desde nuestras capacidades, para evitar que la historia vuelva a repetirse. Y para no hacer cierta aquella conocida premisa de Donoso Cortés cuando decía: «En el pasado siempre está la historia del futuro».

Gracias de nuevo por contar y por venir a esta fundación. Gracias, Ana. Aquí tenéis siempre vuestra casa. Gracias.

1

TENDENCIAS
DE UNA SOCIEDAD EN CAMBIO.
UNA TENTATIVA MIRANDO
HACIA LA EVANGELIZACIÓN

Joseba Louzao Villar
Centro Universitario Cardenal Cisneros,
Universidad de Alcalá de Henares

Me veo en la obligación de aportar tres anotaciones al margen antes de comenzar la reflexión para no llevar a engaño a cualquier persona que se acerque a estas páginas buscando lo que no son. No es mala costumbre, según para qué, aquello que dice el dicho popular de ponerse la venda antes de la herida. Aquí van.

Primera anotación: Este texto mantiene el estilo oral que se desarrolló durante la charla. La ponencia fue preparada de esta manera y he creído necesario evitar transformarla en algo que nunca fue. Hay una razón básica para ello: cualquier cambio hubiese hecho necesario reelaborar el trabajo, y el resultado necesariamente iba a ser excesivamente diferente al presentado en las VIII Conversaciones PPC. Así que mis disculpas para quien quiera encontrar aquí un sesudo artículo académico con vislumbres prospectivos porque, me temo, que no lo va a encontrar. Más bien ha sido pensada como una conversación con el lector en torno a una mesa de diálogo para encontrarse y seguir avanzando en la pregunta central de estas conversaciones: ¿vale todo a la hora de evangelizar? Mi aportación no entra de lleno en esta cuestión, pero la sobrevuela constantemente. O eso quiero creer.

Segunda anotación: El texto no tendrá ni notas ni referencias bibliográficas, aunque se citarán algunos autores en estas páginas. Se hace complicado en ocasiones abandonarlas, sobre todo, cuando uno viene de un espacio académico donde éstas lo son todo. Sin embargo, estas páginas no dejan de ser un ensayo en su acepción de tentativa, de tanteo torpe buscando aportar algo de luz a un futuro más bien incierto y, quizá por eso, la tarea ha sido apasionante.

Tercera, y última anotación: Me siento un tanto usurpador desarrollando este papel porque como historiador no suelo estar en el ámbito del futuro. Sé que el pasado es un país extraño que nos permite entender el presente, mientras que el futuro es todo aquello para lo que no tenemos demasiadas certezas. Porque, como nos espoleó el popular aforista colombiano Nicolás Gómez Dávila, la verdad está en la historia, pero la historia no puede ser jamás la verdad. La realidad es mucho más compleja siempre. Un maestro del oficio de hacer historia, el británico Edward Palmer Thompson, nos enseñó que la historia se conjuga siempre con verbos irregulares. No se puede predecir el pasado, como para predecir el futuro. El camino está repleto de intentos fallidos de vislumbrar lo porvenir. No quiero pertenecer a esta cofradía del error, aunque ya es toda una declaración de intenciones para entrar en ella al haber aceptado esta amable propuesta de la editorial.

Imago mundi

Que la realidad es múltiple y poliédrica es algo sabido. Quizá por esa razón es necesario que nos lo hagamos recordar constantemente. Nos cuesta aceptarlo y queremos vivir como si esto no fuera así. Desde hace tiempo cuando viajo en tren o avión suelo acercarme al quiosco para comprar alguna revista de temática científica experimental que permita abandonar mis lecturas habituales en el campo de las ciencias sociales. Más o menos un año y medio antes de que el coronavirus llamara a nuestras puertas, compré un monográfico sobre las pandemias del futuro en la estación de tren de Valencia. En aquella revista había un artículo que, con modelos matemáticos, explicaba cómo se debería prevenir una pandemia global –y que se consideraba probable– según diversos estudios. La receta básica y principal era el cierre de los aeropuertos si se quería detener su expansión. Volví a leer aquel trabajo pasada la crisis. Y la lectura fue chocante a posteriori. La comparación entre lo dicho y lo hecho fue bastante diferente. En cualquier caso, encierra una lección difícil de olvidar: la complejidad y las diversas problemáticas que existen detrás de las respuestas que políticos y científicos deben dar ante un reto acuciante en directo.

En fin, la realidad es así –lo repetiremos hasta la saciedad–, múltiple y poliédrica. Y lo debo recordar cuando se me pide que intente hacer una fotografía de la sociedad actual. Creo no hay mejor manera que hacerlo que desde las tendencias que se distinguen en el horizonte. Son estas las que nos pueden ayudar a explicar lo que nos pasa y lo que, con alguna probabilidad, nos pasará. En su maravilloso ensayo *Sobre la fotografía*, la escritora Susan Sontang nos señaló que fotografiar es apropiarse de lo fotografiado y también es pretender establecer una relación con el mundo. Por supuesto, todas las imágenes tienen sus limitaciones, pero intuimos que esa relación es la condición de posibilidad de lo humano.

Y esta intuición rompe con cualquier intento de caer en la tentación hiperbólica. Porque acosados por la exageración y el grito de lo anodino, la realidad termina por importar demasiado poco. Como nos contó Bruno Forte –hoy arzobispo de Chieti-Vasto–, muchos se han convertido en aquel visitante que se acercó al zoo de su ciudad para detenerse delante de las jirafas. Después de observarlas fijamente durante minutos, se giró gritando cabreado al vigilante: «¡un animal así no puede existir!». Y es que si las cosas no son como ellos piensan, peor para la realidad. Las hipérboles son el fundamento en esta elaboración de relatos repletos de comunas, cuentos de criadas, reconquistas, distopías y apocalipsis varios. El pecado hiperbólico siempre es, como las disonancias cognitivas, un problema de los demás. La realidad, nos guste ésta más o menos, es una invitación y un desafío que nos incita a dar una respuesta ética en una situación determinada. El filósofo y teólogo danés Knud Ejler Løgstrup nos diría que la exigencia ética se sostiene no tanto en el qué debo hacer sino en el qué está pasando. Además, sabemos que son las personas, una a una, las que importan.

La importancia de un mapa

Hace años, el escritor italiano Claudio Magris recuperó un cuento hasídico para titular uno de sus ensayos sobre ese inclasificable autor que fue Joseph Roth (permítanme un excurso: su novela más personal *El anticristo* sigue siendo uno de los libros más sugerentes para entender algunas de las dinámicas más oscuras de nuestro momento actual). La narración dice, más o menos, lo siguiente:

> «Dos amigos se encontraron de camino a la estación de tren de la ciudad. Uno de ellos le preguntó al otro hacia dónde iba. – "A la Argentina", le respondió el otro. El amigo le dijo entonces: "Pero eso está muy lejos". – "¿Lejos?, ¿lejos de dónde?", respondió el primero».

La pregunta tiene su aquel. «¿Lejos de dónde?» Y nos recuerda la importancia del mapa para poder dar alguna respuesta a las múltiples preguntas que nos acechan. Toda persona que haya leído con detenimiento y deleite la constitución apostólica *Gaudium et spes* lo tiene claro. La fe tiene la necesidad de comprender de forma sincera y abierta el mundo en el que vive para poder responder desde ellos. Con *Gaudium et spes*, que es el documento conciliar por excelencia de la misión evangelizadora de la Iglesia y el que más se acerca a la intención de Juan XXIII a la hora de convocar un concilio pastoral, podemos entender que la fe es motivación, orientación y sentido para discernir los signos de los tiempos. ¿Para qué? Para estar al servicio del ser humano, la sociedad y el mundo. De esta forma, los padres conciliares nos enseñaron la importancia de preocuparse desde dónde se mira, del cómo se mira y la actitud que tenemos ante el mundo. Es evidente que nuestro análisis cambia si nuestra mirada es más pesimista u optimista. O cómo entendemos el mundo y nos relacionamos con él. Sin olvidar que, en su capítulo tercero, nos advertía de que la Iglesia tampoco tenía la respuesta adecuada a cada cuestión que se le presenta delante («sin que siempre tenga a manos respuesta adecuada a cada cuestión»).

Un ejemplo de la importancia del mapa puede entreverse cuando se prueba a responder al cuestionario que ideó Hans Rosling, creador de la página web Gapminder[1], con trece preguntas sencillas sobre la situación del mundo hace unos cuantos años. Algunas de las preguntas son: «¿Cuántos niños de un año están vacunados contra el sa-

---

[1] https://www.gapminder.org/

rampión en todo el mundo?»; «¿Cuál es la tasa de alfabetización de los adultos en el mundo en la actualidad?» o «¿Cómo cambió en los últimos veinte años la proporción de la población mundial que vive en extrema pobreza?»... Un número muy alto de personas fallan en la mayoría de las preguntas. Tanto es así, que tras analizar las respuestas de miles de individuos descubrieron que unos chimpancés respondiendo al azar conseguirían mejores resultados que los humanos con sus conocimientos. ¿El motivo? Solemos pensar de manera muy negativa sobre la situación actual. De esta forma, como el propio Rosling afirmaba, estas distorsiones nos impiden ver la realidad y condicionan nuestras decisiones colectivas.

Quizá sea nuestro mejor aviso para no zozobrar en cualquier análisis del mundo actual, como cristianos y como ciudadanos. Pero también, me planteo, si los cristianos sabemos que Jesús de Nazaret es la respuesta, porque la hacemos vida, quizá debamos gastar un poco de nuestro tiempo en pensar sobre las preguntas de nuestro tiempo. Quizá hayamos ocupado más esfuerzos en resolver preguntas que en hacérnoslas.

Cómo hemos llegado hasta aquí

La Iglesia católica ha tenido una profunda influencia en España durante milenios, moldeando las diversas maneras de percibir y entender la realidad en cada período histórico. La doctrina, el rito y la ética cristiana han dejado una huella significativa en la forma en que nuestros antepasados vivieron y entendieron el mundo. Comprender la historia española sin considerar la influencia del catolicismo en los ámbitos social, político, cultural y económico es prácticamente imposible. A pesar del proceso de secularización, la religión sigue desempeñando un papel relevante en el ámbito público. La separación moderna entre las esferas política y religiosa no ha llevado a una completa independencia ni ha eliminado sus frecuentes interacciones. En la última década, hemos visto intensos debates y movilizaciones masivas en torno a temas como educación, moral sexual y cuestiones biomédicas, los cuales han reconfigurado las divisiones políticas.

Es importante destacar que, a pesar de sus particularidades, el proceso de cambio religioso en España en los últimos cincuenta años ha seguido una trayectoria similar a la de otros países de su entorno. La principal diferencia radica en el contexto inicial de estos análisis. La dictadura estableció un régimen de cristianismo tras una feroz Guerra Civil, presentando la victoria como el triunfo de la «ciudad de Dios» y la «resurrección de España», según el arzobispo Enrique Pla y Deniel.

Durante varias décadas, el catolicismo proporcionó la legitimidad tanto al régimen como a la sociedad, dando lugar a una interpretación particular del nacionalcatolicismo, una teología política nacionalista que había surgido en la segunda mitad del siglo XIX. Esta imposición social creó una cultura religiosa que permeaba todos los aspectos de la vida, consciente e inconscientemente. Sin embargo, el Concilio Vaticano II introdujo cambios significativos al desafiar los pilares del franquismo. A pesar de las apariencias, como las grandes coronas de bronce regaladas por Franco para la tumba de Juan XXIII, los modelos de fe y su relación con el mundo eran esencialmente opuestos.

El Concilio Vaticano II significó el final del nacionalcatolicismo como idea y proyecto político, y no exageraríamos al afirmar que las transformaciones posteriores en España fueron notables. Las decisiones del concilio atacaron directamente los fundamentos del régimen, promoviendo la defensa de los derechos humanos y políticos, la libertad religiosa y el pluralismo, aspectos incompatibles con el modelo nacionalcatólico. Además, ofreció a los católicos un lenguaje común que se integró con la democracia, marcando una transición religiosa paralela a la transición política. Los primeros signos de cambio se notaron en la Conferencia Episcopal, especialmente con la acción pastoral de Vicente Enrique y Tarancón. Los historiadores han descrito este período como un distanciamiento de la Iglesia respecto al régimen, un proceso que se dio tanto de arriba hacia abajo como al revés. En aquellos años de final del franquismo y transición a la democracia, la Iglesia se polarizó entre una mayoría que abogaba por reformas y una minoría que anhelaba el pasado. Aunque algunas prácticas religiosas persistieron con cierta fuerza, entre 1975 y la década de los 80 se produjo un cambio significativo. Este fenómeno no solo ocurrió en España, sino también en otros países de tradición católica, como Italia e

Irlanda. Aunque el catolicismo seguía siendo dominante a nivel sociológico, se empezaron a observar cambios significativos entre los jóvenes y las mujeres. Por ejemplo, hasta 1975, una mujer española tenía cuatro veces más probabilidades de asistir a misa dominical que un hombre, pero hoy las diferencias se han reducido notablemente.

Desde entonces, el número de creyentes ha descendido, aunque este descenso se ha moderado en la década de 1990. El papel del catolicismo en la España democrática ha disminuido, con un avance hacia una descatolización sociológica y un individualismo religioso creciente, mientras la Iglesia ha ido perdiendo su influencia política y moral. La identidad religiosa en la España actual es una autoidentificación que complica la formulación de normas de conducta uniformes. Desde el siglo XXI, el crecimiento de otras religiones ha sido notable, aunque no siempre reflejado en las encuestas. Este pluralismo religioso presenta un desafío social, aunque no considero que sea un problema en sí mismo. Es decir, estoy de acuerdo con el sociólogo Peter L. Berger cuando defiende que el pluralismo puede ser beneficioso para la religión, pero la comprensión del fenómeno religioso sigue siendo un obstáculo para aceptar fácilmente esta pluralidad desde una perspectiva no creyente.

Desde la perspectiva del catolicismo la exculturación es evidente. La transmisión familiar de la fe se ha roto, y el desconocimiento de los elementos culturales del cristianismo es cada vez más notable. A esto se suma el fenómeno del bricolaje religioso. Los estudios entre los jóvenes muestran que, incluso entre los que se consideran muy creyentes, hay afirmaciones que contradicen los principios fundamentales de la fe cristiana, como la negación de la Trinidad o la aceptación de la reencarnación. Esta dinámica se observa tanto en creyentes como en no creyentes. Los jóvenes tienden a identificarse como espirituales más que como religiosos, lo que fomenta un hibridismo particular entre religión y espiritualidad. Además, algunos jóvenes combinan una identidad ideológica con una identidad creyente, aunque esto no siempre tiene un impacto significativo en otros aspectos.

Muchos católicos se encuentran entre la fragmentación y la individualización. Los datos indican que solo entre el 10 % y el 20 % de los católicos asisten a misa regularmente, lo que afecta la vida sacramental, con solo uno de cada diez matrimonios en España siendo católico. Este fenómeno también está relacionado con un renacer de la religiosidad popular. Sin embargo, un dato significativo es que, según una encuesta en valores del BBVA, muchos españoles creen que la religión no aborda las cuestiones importantes de la vida.

A pesar de las predicciones de pensadores del siglo XIX y gran parte del siglo pasado, la religión sigue ocupando un lugar central en la modernidad. Todos tienen una opinión sobre la religión, ya sea favorable o desfavorable. Muchos hablan de un reencantamiento del mundo, la metamorfosis de lo sagrado o incluso un regreso de lo divino. Esto contrasta con la opinión generalizada hace unas dos décadas, que consideraba la religión como una reliquia del pasado sin cabida en la modernidad. A pesar de la afirmación de que «Dios ha muerto», parece evidente que la creencia religiosa goza de una aceptable salud, aunque en constante transformación, dado que la modernidad está definida por el cambio. Las encuestas internacionales muestran que entre el 70 % y el 80 % de la población mundial considera que la religión es importante en su vida diaria. Esta realidad no debe tomarse a la ligera, aunque desde una perspectiva occidental cotidiana pueda parecer que la religión no es relevante. La persistencia de la religiosidad es la norma, no la excepción.

Es crucial reconocer que el hecho religioso no es solo una actividad teórica, sino una práctica que se manifiesta de diversas formas. Entre los países más religiosos del mundo se encuentra Estados Unidos, lo que desmiente la idea de que un mayor nivel de creencia se encuentra únicamente en los países más pobres. Los creyentes no han desaparecido y no parece que lo harán pronto. En todo el mundo, la religión sigue presente en los debates públicos y no se considera alejada de la racionalidad moderna. Por el contrario, la creencia religiosa sigue creciendo, salvo en algunas áreas de cultura occidental, y esto está teniendo efectos importantes en un mundo globalizado donde la mayoría de las fronteras religiosas se han derrumbado (aunque persisten limitaciones y prohibiciones en algunos países). Estamos viendo un desarrollo sin precedentes de pluralidad en las formas de creer, basado en el dinamismo religioso y la individualización. Hoy en día, el sentido de trascendencia y de vida se ha individualizado, y la comunidad ya no define la creencia. Cada persona debe encontrar su propio sentido, incluso si eso implica desafiar las normas establecidas. La desaparición del criterio de autoridad y de pertenencia es una realidad, y las instituciones religiosas deben enfrentar nuevos desafíos, algo que, en realidad, siempre ha sido una constante a lo largo de la historia.

Qué tendencias para qué sociedad

Un nuevo aviso para navegantes. Podríamos discutir mucho sobre cada uno de los puntos y reflexiones que aparecen en este apartado. Hay una gran diversidad socioeconómica, regional, política, campo-ciudad, edad, género, etc. Pero, como señalaba antes, me interesa más afinar las preguntas que las respuestas. Sé y soy consciente de que no deja de ser una tentativa más o menos organizada. Quizá lo primero que debiéramos destacar es la percepción de incertidumbre constante que genera las rápidas transformaciones que nos desestabilizan. No son pocos los acontecimientos que, en las últimas décadas, han descolocado hasta a los propios especialistas. El tiempo se ha acelerado de tal forma que los avances científicos y tecnológicos están cambiando nuestro futuro con una velocidad inusitada. Tanto es así que, incluso, se ha llegado a afirmar que vivimos en tiempos exponenciales.

Hasta el momento los ciclos ecológicos habían sido siempre mucho más lentos que los tiempos históricos. Sin embargo, los datos sugieren que ambos están convergiendo a una velocidad sin precedentes, originada por una intervención humana cada vez más intensa sobre los ecosistemas que está produciendo mutaciones ambientales imprevisibles. Los especialistas ya hablan de un nuevo tiempo geológico humano: el Antropoceno, aunque la caracterización sigue siendo muy discutida y no aceptada por todos los implicados. En cualquier caso, es evidente que existe una tensión entre la certeza de que vivimos en un período crítico que necesita de la conciencia para transformar hábitos personales y colectivos.

Estamos también en tiempos paradójicos. La irrupción de la inteligencia artificial generativa en nuestras vidas puede ser el mejor testimonio de esta realidad que parece escaparse de nuestras manos. Debemos ser conscientes de que cuando describimos un fenómeno social como paradójico, estamos insinuando nuestra falta de comprensión total sobre él. Como planteó el papa Francisco al inicio de su pontificado, aún no sabemos si estamos en una época de cambio o en un cambio de época.

El proceso de globalización ha favorecido la interrelación social, cultural, política y económica a escala global, pero no ha eliminado las desigualdades entre países y dentro de los mismos países. A pesar de la disminución de la pobreza global y el aumento de la alfabetización y la asistencia sanitaria en las últimas décadas, esto no garantiza que estas tendencias continúen. Las crisis, como la de 2008 y la actual, advierten sobre los peligros futuros. La globalización, tal como la conocemos, se transformará en el futuro cercano, lo que traerá diversas consecuencias sociales. Como afirma el ensayista Thomas Friedman, la tierra se ha vuelto realmente plana: lo local y lo global se conjugan como nunca antes en la historia de la humanidad, generando una tensión entre las convergencias emergentes y las fronteras que se intentan levantar para evitarlas.

Nuestras sociedades están marcadas por una diversidad cultural que se multiplica con los constantes movimientos migratorios. La multiculturalidad es una realidad innegable, y a ello se suma una pluralización sociocultural interna. Ya no existe una única institución que monopolice el sentido. Dentro de cada sociedad, encontramos una pluralidad de instituciones y comunidades que ofrecen múltiples formas de comprender la vida en sociedad. Tal vez sea más apropiado hablar de pluralidad, que es un hecho, mientras que el pluralismo es una opción. La tentación de que la polarización, especialmente la afectiva, conduzca a fenómenos de *pilarización* (por hacer referencia al modelo social asentado en los Países Bajos en el siglo XIX) o, en otras palabras, a la formación de tribus morales que tienen escasa relación entre sí, está presente. La disyuntiva es clara: se deben generar sociedades abiertas o estas se cerrarán sobre sí mismas.

Este cóctel plantea la posibilidad de que la idea de las sociedades diferenciadas, aquellas en las que no hay una institución dominante que monopolice la manera de ver la realidad, esté en riesgo de retroceso. En las sociedades diferenciadas, las personas pueden obtener pautas para comprender el mundo a partir de distintas fuentes filosóficas, religiosas o culturales. Esta diversidad es lo que ha cimentado la democracia tal como la conocemos, constituyendo la base fundacional del gobierno representativo en la contemporaneidad.

Por último, es necesario reflexionar sobre la omnipresente cuestión de la identidad, que probablemente sea el gran tema de nuestro tiempo. Este tema merece un capítulo aparte.

La era del *yo autoconstituido*

¿Quién soy yo? Esta pregunta, central en nuestra época, ha reemplazado a la búsqueda del sentido que predominaba hace más de medio siglo. En el contexto actual, la identidad –tanto personal como colectiva– se ha convertido en el principal signo de nuestras sociedades. Zygmunt Bauman, con su concepto de la «liquidez del mundo», subraya que la atención intensa a la identidad es un fenómeno cultural de gran relevancia. En este ámbito, se manifiesta una tensión constante entre la promoción de identidades líquidas y la de identidades sólidas, lo cual puede llevar a una dinámica de refuerzo mutuo entre ambas formas de identidad.

Es conocido que el ser humano busca en la identidad un anclaje frente a la realidad, proporcionando sentido, pertenencia a un grupo y un marco estable y compartido de valores (la comunidad). En esencia, la identidad responde a preguntas fundamentales como: ¿quién soy?, ¿a qué grupos pertenezco?, ¿con qué valores y estilos de vida me identifico? En última instancia, la identidad es una narración de nuestra biografía, tanto a nivel personal como comunitario.

En este contexto, podemos definir nuestra época como la era del «yo autoconstituido». Este período se caracteriza por la idea de que «me construyo a mí mismo, yo doy sentido a mi existencia». La meritocracia, con su énfasis en el mérito personal, se inserta plenamente en esta autoidentificación construida a partir de vínculos cada vez menos estables. Esta dinámica también afecta a la fe y las experiencias de relación y filiación, poniendo al cristianismo en una posición contracultural frente a la nueva realidad identitaria y desafiándolo a no sucumbir a las presiones de adecuarse a esta realidad cambiante.

En el fondo, estamos en el apogeo del ideal emancipador de la modernidad. Aunque a veces se habla del «después de la modernidad» –ya sea pos-, hiper-, trans-, o con el prefijo que se quiera añadir–, en realidad nos encontramos en su momento de mayor madurez. Las preguntas sobre el sentido de la vida se suspenden en la medida en que se requieren anclajes identitarios claros, los cuales son cada vez más difíciles de encontrar debido al conflicto entre liquidez y solidez. El sujeto moderno busca salvar ambas vías de identidad, reflejando un modelo de persona influido por los cambios del mercado y el impulso digital. Queremos todo, en cualquier lugar y en cualquier momento, como decía un antiguo eslogan: *Everywhere,*

Everything and Always. El consumo se ha convertido en el camino para alcanzar el sentido, marcando algunas de las transformaciones culturales más significativas de nuestro presente.

Las tendencias a modo de síntesis

En resumen, los efectos de la globalización se han dejado notar en todos los ámbitos de la vida humana: economía, política, tecnología, cultura, sociedad... Y esto ha generado una serie de paradojas con las que tenemos que lidiar desde ya mismo:

- Frente al reconocimiento del pluralismo que se produce en las sociedades diferenciadas (donde ninguna institución tiene el monopolio de sentido), nos encontramos con un avance de posiciones que alientan la instauración de sociedades cerradas.
- Frente a un mundo cada vez más líquido que generan identidades líquidas, vivimos un momento histórico en el que muchos grupos pretenden rearmar identidades excluyentes (nacionalismos, populismos, cultura de la cancelación...).
- Frente a las convergencias que genera el proceso de globalización, se produce un nuevo impulso en la creación de fronteras.
- Frente a los problemas que genera el cambio climático, se acrecienta la conciencia, pero también los resultados críticos.

Esta lista paradójica, si se me permite la expresión, podría crecer mucho más. Porque hay otras tendencias que surgirán con fuerza en el futuro o nunca nos abandonarán. A saber: el desequilibrio económico (entre países y dentro de un mismo país); el crecimiento de la población mundial; el envejecimiento en los países desarrollados; la situación de las mujeres en el mundo; las guerras con su correlato de muerte, violencia y refugiados; los nuevos movimientos migratorios; la salud pública internacional; el aumento de la urbanización o los lucha por el oro azul, el agua como un bien puede ser protagonista en muchos conflictos políticos y militares.

Si Jesús es la respuesta, ¿cuáles eran las preguntas?

En septiembre de 2017, el papa Francisco estaba visitando Colombia y en uno de sus discursos señaló que, probablemente, hoy estamos respondiendo a preguntas que ya nadie se hace. Quizá este sea el primer paso que debemos dar en este camino de reflexión y actualización en clave pastoral: ¿cuáles son las claves de nuestro tiempo?, ¿cuáles son los desafíos a los que tenemos que hacer frente?, ¿y cuáles son las preguntas que nos estamos haciendo? Porque, si los cristianos sabemos que Jesús es la respuesta, ¿cuáles son las preguntas que nos lanza nuestro tiempo? Cualquier proceso de evangelización debe descansar en esta preocupación.

Cuando hablamos de evangelización, entiendo que estamos haciendo referencia al descubrimiento del Reino de

Dios en la historia personal de cada uno de nosotros. Para ello es necesario que exista una comunidad, que a la vez es fuente y experiencia. La clave de este proceso tiene que estar, por tanto, en la asunción libre de una forma de vida basada en el amor o, lo que es lo mismo, en la respuesta de la persona, de forma implícita o explícita, a la acción del Espíritu, que le plenifica.

Para un mundo como el nuestro sigue sirviendo la lección de la Primera Carta de Pedro, cuando leemos aquello de «venerad a Cristo como Jesús en vuestros corazones, siempre dispuestos a dar razón a todo el que os pida cuentas de la esperanza que hay en vosotros, pero con mansedumbre y respeto, teniendo buena conciencia» (1Pe 3,15-16). Este texto surge en una cultura concreta de origen judeo-helenista. Al abrirse al mundo grecolatino, el cristianismo necesitó dar razón de su fe. De hecho, no eran pocas las personas cultas que se convirtieron entonces y buscaron responder su experiencia, así como comunicarla. Ahí apunta esta frase de la Primera Carta de Pedro: «razón, mansedumbre, respeto y buena conciencia». O puesto en las palabras del hoy: tenemos la obligación de dar sentido a nuestra fe, desde la tolerancia y con la coherencia de nuestra vida. Siempre dispuestos a dar razón de la esperanza que hay en nosotros. Y es que el mundo nos está pidiendo continuamente que lo hagamos, que demos razón de nuestra fe.

Nuestra fe no es una ideología cerrada, sino una oferta abierta. En el fondo, como nos han enseñado las múltiples generaciones de cristianos que nos han antecedido, saber leer los acontecimientos a través de la mirada del Padre Dios, nos ayuda a encontrar el sentido a nuestra historia personal y de la Historia de la humanidad. Es, por tanto, una obligación preguntarnos por el mundo en el que vivimos. Porque sabemos bien que la respuesta es Jesús de Nazaret, pero debemos seguir respondiendo a las preguntas de nuestro tiempo.

Cuatro propuestas a vuela pluma

Apunto, sin ánimo de ser exhaustivo, cuatro elementos fundamentales a los que deberíamos prestar atención dentro de nuestros procesos pastorales. Creo que nos muestran que no todo vale, pero que no hay una única receta de éxito:

1. Una oferta de sentido. La Buena Noticia es una oferta de sentido que no debe desdibujarse. Se debe apostar siempre por una cultura vocacional. Habrá que tener siempre presente el profundo significado de la palabra catequesis (*katéchein*), es decir, ese hacer resonar en nuestro corazón, para comprender la importancia de una iniciación que no iba dirigida simplemente al intelecto, sino que también debía hacer eco de forma radical en la vida del catecúmeno. La fuerza de este largo camino en el crecimiento de la fe nos lo recuerdan los *cubículos de los sacramentos*, datados en los inicios del siglo III y encontrados en las catacumbas romanas de san Calixto. Y es que en estos nichos fu-

nerarios podemos observar la representación simbólica de los sacramentos del bautismo y la eucaristía, centrales e indispensables a la hora de explicar su experiencia creyente, el encuentro transformador con la gracia, y de vivir siempre de manera nueva.

2. El testimonio de vida. En estrecha relación con lo anterior, desde una perspectiva personal, pero también comunitaria. La radicalidad nace de la vida y debe remitir a su etimología: de la raíz. Esto nos ayuda a redescubrir constantemente nuestra vocación y nuestra misión. Ser humildes, tocar la tierra.

3. Apertura y comprensión. Estos dos conceptos tienen mucho que decir. Se trata, de hecho, de construir una forma de ser y estar eclesialmente. Porque la fe siempre supone una comunidad creyente. Somos relación porque ser con los demás y para los demás pertenece al núcleo mismo de la existencia humana. Es más, siempre estamos orientados y vinculados a otros. La experiencia de Dios debe ser explicitada de forma provocadora en una síntesis entre fe, vida y cultura. En este sentido, creemos importante destacar que la persona se conforma no sólo como *sentimiento* (experimenta), sino que también es *razón* (expresa) y *voluntad* (opta).

4. El cuidado de los símbolos. Deberíamos seguir trabajando para generar espacios, promover imágenes y decir palabras que puedan tener valor para nuestros contemporáneos. Esa es la historia del cristianismo desde una fidelidad al corazón de la fe que siem-

pre necesita de la creatividad. No creemos en algo, si no en Alguien que, además, nos invita a nacer de nuevo a cada instante. Pero necesitamos desentrañar la profundidad de esta realidad desde una espiritualidad asentada en la narración y en el símbolo. No podemos olvidarnos que Jesús narra y actúa simbólicamente, y de esta forma un galileo del siglo I nos habla a los globalizados habitantes del siglo XXI. Alguien en el que seguimos descubriendo un camino de Verdad.

Entiendo que estas cuatro acotaciones responder a lo que subrayaba sobre los fines de la evangelización Pablo VI en su exhortación apostólica *Evangelii nuntiandi*. Especialmente cuando afirmaba que «la finalidad de la evangelización es por consiguiente este cambio interior y, si hubiera que resumirlo en una palabra, lo mejor sería decir que la Iglesia evangeliza cuando, por la sola fuerza divina del Mensaje que proclama, trata de convertir al mismo tiempo la conciencia personal y colectiva de los hombres, la actividad en la que ellos están comprometidos, su vida y ambiente concretos» (*Evangelii nuntiandi* 18).

¿Quién decís que soy yo?

La orientación pastoral siempre se preocupa de ser mediación entre la fe y la revelación. Por ello, debe ayudar a cuestionarse sobre las esperanzas y dificultades de las personas a las que se dirige. La labor pastoral, por lo tanto, busca traducir al lenguaje y pensamiento actual la Buena Noticia. No es una labor pequeña. La realidad sociocultural de cada momento y el Evangelio se estrechan la mano de una manera nueva e imprevisible. Ahora es el momento. Ahora, como lo ha sido siempre. Los cristianos debemos celebrar la esperanza confiada de que lo mejor está por venir. Sabiendo, por supuesto, que Dios Padre siempre está aquí, con nosotros:

Una vez que Jesús estaba orando solo, lo acompañaban sus discípulos y les preguntó: «¿Quién dice la gente que soy yo?». Ellos contestaron: «Unos, que Juan el Bautista; otros, que Elías, otros dicen que ha resucitado uno de los antiguos profetas». Él les preguntó: «Y vosotros, ¿quién decís que soy yo?» (Lc 9,18-20).

2

RETOS, CAMBIOS, PROCESOS Y REFORMA

Santiago Pons Doménech
Decano de la Facultad de Teología San Vicente Ferrer,
Universidad Católica de Valencia

Vivimos un tiempo de inquietud en nuestra sociedad y en nuestra Iglesia. Nos damos cuenta de que está pasando algo que nos cuesta asimilar y que está cambiando nuestro mundo, nuestro modo de vivir y de relacionarnos. En nuestra Iglesia lo detectamos de un modo a veces angustiante en nuestras parroquias, en la vida religiosa, en las vocaciones. Constatamos una disminución en la práctica religiosa, en las vocaciones a la vida religiosa y sacerdotal. ¿Qué está pasando? Nos cuesta describir esto.

Percibimos que se ha producido una fractura en la transmisión de la fe. No conseguimos tocar el corazón de los hombres y mujeres de nuestro tiempo, parece que la fe resulta irrelevante.

Desde el Concilio Vaticano II hemos vivido un tiempo de mucha creatividad en la vida de la Iglesia y, a pesar de ello, no hemos conseguido los resultados esperados y esto provoca desconcierto y sensaciones unas veces de victimismo y otras de culpabilidad.

El papa Francisco insiste mucho en que nos encontramos en un cambio de época y el papa Benedicto XVI nos advertía del fin de la cristiandad. Hemos de aceptar nuestra situación.

El final de la cristiandad no es el final del cristianismo, la cristiandad ha sido un modo histórico de vivir el cristianismo, esto es lo que ha terminado. Es cierto que las generaciones que hemos vivido este modo de cristianismo podemos sentir cierta nostalgia o preocupación, pero hemos de asumir nuestra realidad. Ha terminado la cristiandad y debe abrirse paso un nuevo modo de vivir como cristianos. A nosotros nos incumbe poner los cimientos de esta nueva etapa, pero hemos de ser conscientes de que no se logrará en una sola generación de cristianos, se trata de un desafío que nos supera. En cierto modo debemos sentirnos pioneros de ofrecer un modo nuevo de vivir el cristianismo, de ser discípulos de Cristo en nuestro tiempo.

Esto supone un gran reto para la Iglesia actual y en este reto hemos de comenzar por aceptar nuestra realidad, es nuestro tiempo, es por tanto nuestro reto. Para ello hemos de evitar tanto el victimismo como la culpabilización. No podemos sentirnos víctimas de una persecución, de un plan escondido que pretende acabar con el cristianismo y ante el que poco se puede hacer. Cuando hay un cambio de época este cambio afecta a todos los que viven en ese tiempo y parece que hay acciones orquestadas, pero normalmente responden al nuevo modo de vivir y de situarse.

Tampoco podemos culpabilizarnos, pensar que la Iglesia lo ha hecho tan mal que estas son las consecuencias. Siempre hay que hacer autocrítica y revisar. Siempre se pueden hacer las cosas mejor, pero tengamos en cuenta también otros momentos de la historia de la Iglesia y que no han llevado a los cambios que ahora observamos.

La *Biston betularia*

Miremos lo que sucede también en la naturaleza. Me gustaría que nos fijáramos en una polilla que habita sobre todo en los bosques de abedules, la *Biston betularia*. Se trata de una mariposa que tiene las alas perfectamente adaptadas para camuflarse en los troncos de los abedules, de forma que cuando se posa en la corteza clara de este árbol y se queda quieta es muy difícil de distinguir y puede pasar desapercibida por sus depredadores.

En los alrededores de Manchester existe un bosque de abedules donde conviven estas polillas de camuflaje claro. En 1848 el 98 % de estas polillas eran de color claro, adaptadas para mimetizarse en la corteza clara de los abedules. El 2 % restante eran polillas con sus alas oscuras. Esto era un inconveniente para estas polillas ya que no se camuflan bien en la corteza de los árboles y no se pueden defender de sus depredadores. De hecho, eran tan pocas que se pensaba que todas las *Biston betularia* eran claras.

Pues bien, en 1848 comienza en Manchester la revolución industrial que cambiaría nuestra historia. El desarrollo tecnológico que permitió esta revolución fue la máquina de vapor. Un dispositivo capaz de generar movimiento utilizando el vapor de agua. Para generar el vapor necesario había que calentar el agua y se utilizaba carbón. De las chimeneas de las fábricas textiles de Manchester comenzó a salir un humo negro y a emitir a la atmósfera toneladas de hollín. Este hollín al caer se posaba también sobre las cortezas de los abedules y estas se tiñeron de negro.

En 1895, sólo el 2 % de las *Biston betularia* eran de color claro, estaban desapareciendo y el 98 % eran oscuras. ¿Qué estaban haciendo mal las pobres polillas claras? Siempre habían hecho lo mismo, cuando se veían en peligro se posaban sobre las cortezas de los abedules, se quedaban quietas y sus depredadores no podían localizarlas, estaban perfectamente camufladas. Ahora hacían lo mismo que habían hecho sus antecesores durante miles y miles de años, pero no funcionaba. ¿Qué estaba pasando? Las cortezas de los abedules se habían teñido de negro por el hollín que se había depositado y cuando la polilla clara se paraba en su corteza, lo que antes la había protegido ahora no podía hacerlo. Una polilla clara sobre una superficie oscura era perfectamente divisable por sus depredadores. Las polillas claras estaban desapareciendo.

No estaban haciendo nada malo las polillas, seguían haciendo lo que sabían hacer y lo hacían bien, pero no se daban cuenta de que *su entorno había cambiado*, su mundo ya no era el mismo y lo que antes la protegía, ahora la delataba.

También a nosotros nos está pasando algo parecido: nuestro mundo ha cambiado, nuestra cultura ya no es la misma y nosotros seguimos actuando del mismo modo, las estructuras, nuestras estrategias están adaptadas a un mundo que ya no existe y nos encontramos desconcertados. Si seguimos haciendo lo mismo que hace cien años, con pequeñas adaptaciones, nos resulta difícil comprender que ahora no se consigan los mismos resultados. No se trata de que estén mal nuestras estrategias, sino que no responden a las necesidades de los hombres y mujeres de nuestro tiempo, no responden al modo en que las nuevas generaciones se sitúan en este nuevo mundo y a su modo de relacionarse. Necesitamos conocer los cambios en nuestra sociedad, en nuestra cultura, los valores y prioridades de nuestros hermanos y reformar nuestras estructuras y planteamientos para que el mensaje cristiano pueda tocar el corazón, más aún, para propiciar un encuentro con Cristo, único salvador.

Metamorfosis de lo sagrado

El cambio de época del que nos habla el papa Francisco con insistencia es un gran cambio. El profesor Juan de Dios Martín Velasco decía que se había producido un cambio muy profundo en el mundo de las religiones, tanto que se atrevía a llamarlo *metamorfosis de lo sagrado*. Este cambio Martín Velasco lo situaba a la altura del que se produjo en las religiones alrededor del siglo VI a.C. y que Karl Jaspers llama el *tiempo-eje*. Alrededor de ese tiempo aparecieron en diversas partes del mundo casi al mismo tiempo, una serie de grandes personajes en el mundo de la religión. En China es la época de Lao-Tszu y de Confucio; en la India es el tiempo en que se redactan los principales *Upanishads*, textos sagrados del hinduismo, y también el tiempo en que aparece el Buda. En Persia tenemos a Zaratustra. Es la época de los grandes profetas de Israel y también en Grecia de los filósofos presocráticos, el propio Sócrates y Platón. No deja de asombrar que en poco tiempo en la historia hayan aparecido casi simultáneamente tantos reformadores en la esfera de lo sagrado y que hayan coincidido en la orientación. Se produce en ese tiempo una transformación en la idea de Dios. Hasta ese momento cada nación tenía su propia divinidad que solía ir ligada al territorio. Va apareciendo la idea de un Dios universal. La posibilidad de religiones con una pretensión de universalidad. La idea de salvación y de que esa salvación depende de mi vida y no tanto del pueblo en que vivo. Surge la personalización, la responsabilidad personal de mis propios actos, etc. Se produce una transformación radical de la idea de lo divino, que se desarrolla en tres corrientes principales: la oriental que es fundamentalmente monista, la profética que se orientará hacia el monoteísmo, y la crítica racional, que sucede principalmente en Grecia y depura las representaciones de las mitologías politeístas.

Pues bien, a ese nivel sitúa Martín Velasco el cambio en lo sagrado que viene producido por ese cambio de época.

Se trata pues, de un cambio de época muy importante y muy profundo que hemos de tener en cuenta para entender lo que está pasando.

No ha cambiado Dios, sino el modo en que el hombre percibe lo sagrado. En esta transformación el acceso a Dios se debe realizar a través de la humanidad:

> La *postmodernidad*, está definiendo una forma de vivir y de entender la vida que mantiene la referencia a la categoría tradicional de lo sagrado, pero que remite con ella a lo humano en aquellas dimensiones de profundidad, de valor y dignidad que superan los aspectos inmediatos, instrumentales, pragmáticos que desarrolla la cultura meramente tecnocientífica y económica y la explicación reductora que se basa exclusivamente en ella. Lo sagrado designa así el aura que rodea al sujeto, la dimensión de profundidad de su conciencia, la inviolabilidad de su dignidad, la sublimidad de la belleza que es capaz de gustar.
>
> *Res sacra homo,* dirán las nuevas religiosidades. El hombre es la realidad sagrada por excelencia. Él es la fuente de la sacralidad. Lo sagrado se convierte así en categoría que sanciona, con toda la eficacia y el poder que ha recibido a lo largo de la historia humana, la afirmación postmoderna del puesto central del hombre en la totalidad del cosmos, de su condición de medida de todas las cosas[1].

---

[1] Juan de Dios Martín Velasco, *Metamorfosis de lo sagrado y futuro del cristianismo.* Maliaño, Sal Terrae, 1998, pp. 27-28.

No ha de asustarnos que el acceso a lo sagrado se medie por el hombre, precisamente los cristianos afirmamos que el Hijo de Dios tomó nuestra propia carne para revelarnos a Dios.

Hemos de tener en cuenta el modo en que el hombre actual accede a Dios. No le interesan, de entrada, promesas de vida futura o amenazas en un tiempo que no sabe si vendrá, le interesa su vida hoy, ahora. Hemos de tener en cuenta esto y mostrar el rostro de un Dios manso y misericordioso, un Dios que nos acompaña en nuestra vida y que resulta significativo en nuestro ahora. El papa Benedicto XVI nos recuerda: «No se comienza a ser cristiano por una decisión ética o una gran idea, sino por el encuentro con un acontecimiento, con una Persona, que da un nuevo horizonte a la vida y, con ello, una orientación decisiva» (*Deus caritas est* 1).

Nuestras parroquias y nuestras instituciones tienen que promover y provocar ese encuentro con Cristo. A partir de ahí se puede ir creciendo y arraigar en la fe que transforma la vida.

Este reto al que nos enfrentamos hemos de verlo como un proceso de fe y de esperanza con la convicción de que el Señor no abandona a su pueblo. Es un reto para el que contamos con Él. Es muy importante caer en la cuenta de que debemos buscar cuál es su voluntad en este momento, hacia dónde nos está llevando el Señor. Hemos de vivir este reto desde la oración, dejando que el Espíritu Santo nos muestre el camino. No son nuestros proyectos, no son nuestras buenas intenciones, debemos dejarnos llenar por el Espíritu que guía a su Iglesia.

Un estudio, una mirada, una escucha

Esta situación de desconcierto se vive de un modo especial en las parroquias, especialmente por los párrocos. ¿Podemos hacer algo que no hayamos intentado ya? Una pregunta similar se hizo William Simon, un laico estadounidense que se planteó por qué hay parroquias católicas en Estados Unidos que están creciendo y consiguen llegar a nuevos fieles y otras que no lo consiguen, y al hacerlo, no se limitó a análisis teóricos, sino que seleccionó un grupo de 244 parroquias *vibrantes* y estudió lo que estaban haciendo y lo qué tenían en común. Los resultados se publicaron en un libro que se tradujo al castellano en 2018[2]. Este estudio nos pareció muy revelador y pensamos en la posibilidad de realizar un estudio semejante en España para aprender de lo que están haciendo las parroquias que han comenzado ya una conversión pastoral.

Se puso en marcha este estudio en 2019 tratando de definir en primer lugar qué se podía entender por una parroquia que hubiera iniciado un proceso de conversión pastoral. Esto se hizo llegando a un consenso con un gru-

---

[2] WILLIAM E. SIMON, *Grandes parroquias católicas. Cuatro prácticas pastorales que las revitalizan*. Madrid, Facultad de Teología San Vicente Ferrer y BAC, 2018.

po de expertos con los que se trabajó este tema. A partir de ahí se elaboró un cuestionario que nos permitiera valorar el grado de conversión pastoral en que se encontraba una parroquia y pasar este estudio a las más de 200 parroquias que habíamos identificado que podrían entrar en esta definición. Después de seleccionar con el cuestionario un grupo de parroquias para realizar el estudio, pudimos identificar unas 57 buenas prácticas que presentamos en un congreso realizado en Valencia en febrero de 2023.

Entendemos por una buena práctica no sólo una práctica que se define buena en sí misma, sino que es una práctica que se ha demostrado que funciona bien y produce buenos resultados y, por lo tanto, se recomienda. Se trata de una experiencia que ha sido probada y validada, en un sentido amplio, que se ha repetido y que merece ser compartida con el fin de ser adoptada por el mayor número posible de personas y parroquias.

Tenemos, pues, una experiencia que puede ser compartida, no se tratan de recetas sin más, sino que requiere de un adecuado discernimiento para poder aplicar en la propia parroquia. De este modo se puede poner en marcha una conversión pastoral en la parroquia.

Conversión pastoral

La *conversión pastoral* es uno de los temas fundamentales en la «nueva etapa evangelizadora» que hoy la Iglesia está llamada a promover, para que las comunidades cristianas sean centros que impulsen cada vez más el encuentro con Cristo[3].

Esta *conversión pastoral* ha de llevar a nuestras comunidades a recuperar la dimensión misionera que es propia de toda la Iglesia de modo que el anuncio de la buena noticia y la posibilidad de un encuentro con Cristo pueda llegar a todos los hombres y mujeres de nuestro tiempo. Esta conversión pastoral no se podrá realizar sin una conversión de las personas que constituyen nuestras parroquias, pastores y laicos, pero este proceso debe llevar también a la reforma de nuestras estructuras, en especial de las parroquias para que se conviertan en misioneras. La *conversión pastoral* debe llevarnos a un cambio de nuestra cultura pastoral, de nuestro paradigma. Podemos destacar tres ejes necesarios para esta conversión pastoral:

Misión

Esta es la clave de la *conversión pastoral*: ha de ser una conversión hacia la misión. Recuperar de un modo intencional la misión que el Redentor encomendó a su Iglesia. La dimensión misionera debe ser la que nos permita valorar todas las actividades que se realizan en nuestra parroquia. Para ello nos puede ayudar la declaración de una visión que unifique todas las actividades y tareas de una parroquia.

---

[3] CONGREGACIÓN PARA EL CLERO, *La conversión pastoral de la comunidad parroquial al servicio de la misión evangelizadora de la Iglesia*. Roma 2020, n. 3.

Esta tarea unificante es necesaria. Fijémonos de nuevo en la propia naturaleza. Si tomamos un material ferromagnético, un trozo de hierro, un clavo, una barra, podemos constatar que ese trozo de hierro no tiene una propiedad magnética visible, no atrae a otros trozos de hierro. Pero ese material está compuesto por multitud de dipolos magnéticos, de pequeños imanes, que están orientados en todas las direcciones. Al estar orientados de ese modo los efectos de unos anulan los efectos de los otros y el resultado magnético total es cero.

Cuando sometemos este trozo de hierro a un campo magnético, este campo orienta todos los dipolos moleculares en la misma dirección y así sus efectos se suman manifestándose un polo norte y un polo sur, tenemos un imán, capaz de atraer otros trozos de hierro.

La posibilidad de ser imán estaba ya en el hierro, solo hacía falta orientar adecuadamente todos los dipolos para que se pudieran sumar sus fuerzas y obtener un imán constatable.

Muchas veces en nuestras parroquias existen muchos grupos que organizan actividades, pero cada uno suele tener sus iniciativas, sus programas, su programación, algunas veces se solapan e incluso se interfieren las propuestas. El resultado suele ser que no llegamos a tocar el corazón de las personas y no llegamos a evangelizar.

Si conseguimos que todo lo que hacemos en la parroquia esté orientado en clave misionera, si esa clave es el criterio para discernir aquello que debemos fomentar o no, entonces nuestra parroquia podrá comenzar a ser intencionalmente evangelizadora.

Sinodalidad, corresponsabilidad

El segundo eje es el de la *sinodalidad*. El papa Francisco nos está invitando a redescubrir esta dimensión de la Iglesia. El cambio que se nos pide no es algo que podamos conseguir con nuestras fuerzas. Necesitamos descubrir lo que el Espíritu Santo nos está pidiendo. Descubrir el plan del Espíritu para nuestra comunidad, qué es lo que quiere de nosotros. Esto hemos de hacerlo en clave de oración y dejando que el Espíritu se manifieste en todos los que formamos parte de esa comunidad, no solo en sus pastores sino en todos los que la conformamos. Oración y discernimiento nos ayudarán a ir descubriendo hacia dónde quiere conducirnos el Espíritu.

Manifestación de esa *sinodalidad* es también la corresponsabilidad, el ejercicio de un liderazgo de servicio, un liderazgo compartido que nos permita crecer, compartir inquietudes y esperanzas. Sacerdotes, consagrados y consagradas, laicos y laicas debemos asumir esa misión a la que nos llama el Señor.

Honrar el pasado

Todo este proceso se debe realizar teniendo en cuenta que nos enfrentamos a una reforma, no a una ruptura. No es la primera vez ni será la última en que la Iglesia afronta una reforma, *Ecclesia semper reformanda est*, se trata de un dinamismo para poder acompañar siempre a los hombres y mujeres de cada tiempo. No podemos pensar que todo lo antiguo estaba mal porque no es cierto, se trabajaba según la necesidad de su tiempo. Hemos de reconocer también los esfuerzos de tantos cristianos que han intentado abrir caminos, tanta creatividad, que no siempre ha obtenido los resultados esperados. También eso nos enseña, podemos saber los caminos que ayudan y los que no lo hacen.

No podemos perder de vista que nos enfrentamos a un cambio adaptativo y no a un cambio técnico. Los cambios técnicos son más fáciles de implementar, se trata de buscar nuevas iniciativas o de mejorar cosas que ya funcionan. Los cambios adaptativos nos afectan personalmente, suponen una conversión personal, no me pueden dejar igual y esto siempre produce resistencias.

Es necesario un diálogo intergeneracional, hemos de poder escucharnos las nuevas generaciones de cristianos y las más viejas, sin prejuicios, sin juzgarnos, para poder entender lo que llevamos en nuestro corazón. Hemos de saber valorar todo el esfuerzo realizado y mirar hacia delante, sin miedos, confiando en que no es nuestro proyecto sino el del Espíritu el que nos empuja.

Dificultades

Poner en marcha un proceso de *conversión pastoral* no es sencillo y nos enfrentamos a una serie de dificultades que provocan resistencias y que hemos de tener presente.

En primer lugar, una *dificultad de comprender* lo que hemos de hacer. Se trata de una novedad y las novedades no son fáciles de comprender. En un proceso de comprensión tratamos de integrar en nuestra red conceptual aquello que tenemos delante, una vez lo hemos conectado con nuestros conceptos sabemos a qué nos enfrentamos. En cambio, cuando abordamos una verdadera novedad, no la podemos integrar sin más en nuestra red conceptual ya que si lo consiguiéramos esa presunta novedad no lo sería tanto. Integrar una genuina novedad supone modificar nuestra red conceptual y esto siempre produce resistencias, pero cuando lo conseguimos entonces nuestro horizonte de comprensión se amplía. Aquí nos enfrentamos a una novedad que requiere modificaciones en nuestra red conceptual.

Aparece también una *dificultad de aceptación*. La conversión pastoral requiere una conversión personal, yo no puedo quedarme como estoy, esta conversión ha de cambiar mi corazón, mis actitudes, mis planteamientos. Esto supone siempre salir de nuestra «zona de confort» y esto también genera resistencias.

Una tercera dificultad a la que nos enfrentamos es la *dificultad en recorrer este camino*. Se trata de un proceso que requiere tiempo y confianza. Un proceso con momentos de sequedad, de pocos resultados visibles. Un proceso para el que no tenemos caminos previos, se trata precisamente de abrir caminos, revisar lo que hacemos, estar dispuestos a reconocer errores y rectificar. Y todo esto no resulta sencillo.

Una cultura parroquial nueva

La reforma en la vida parroquial no consiste en arrasar con todo, de ningún modo. Muchas de las actividades que se hacen pueden estar bien, se trata de cambiar la cultura pastoral, el paradigma en que nos movemos, y en esa cultura pastoral nueva tienen sentido los distintos métodos que hoy se nos ofrecen.

Hay que insistir en la necesidad de cambiar la cultura pastoral, si eso no se hace, los nuevos métodos pierden eficacia porque van a suscitar un estilo de fe que no se va a poder alimentar en la estructura tradicional de una parroquia. Hay que luchar por una pastoral evangelizadora y misionera que sea capaz de engendrar discípulos misioneros, esa debe de ser nuestra prioridad, nuestra brújula. Y esta transformación hay que hacerla teniendo en cuenta que en nuestras parroquias muchos de los fieles necesitan una cierta pastoral de mantenimiento y hemos de alimentarla, pero estando atentos a que esa pastoral de mantenimiento no absorba todo nuestro tiempo y recursos, porque en ese caso no podremos iniciar nunca la reforma.

Para poner en marcha este proceso es necesario tener en cuenta algunas buenas prácticas que nos permitan ir provocando la transformación.

En primer lugar, no podemos seguir con una pastoral de eventos, de actividades que comienzan y terminan y no tienen un seguimiento. Hemos de instaurar una *pastoral de procesos* de modo que podamos acompañar a la persona en su camino de fe, tener en cuenta el momento en que se encuentra para ofrecerle lo que necesita. Escuchar mucho y acompañar.

Necesitamos tener en cuenta el *primer anuncio*, buscar acciones que propicien ese primer anuncio y que abran nuestras parroquias a personas que no suelen participar en ella, que inviten a personas no cristianas y que puedan tener un primer encuentro con Jesucristo. Una Iglesia en salida.

Pero no solo acciones de primer anuncio, sino una *cultura de primer anuncio*. Hemos de formar a nuestros feligreses en lo que significa el primer anuncio y cómo se puede ofrecer. No podemos hacerlo indiscriminadamente, todos conocemos personas cercanas a nosotros que están alejadas de la fe, hemos de saber acompañarlos, hemos de poder ser capaces de darnos cuenta del momento en que esa persona pueda estar abierta para recibir esa buena noticia y hacerlo porque eso puede cambiar su vida.

En esa pastoral de procesos debe existir un *proceso de discipulado* de forma que la persona que ha recibido el primer anuncio pueda alimentar y hacer crecer su fe. Ha de ser un proceso adecuado a la persona, en un contexto comunitario y de acompañamiento, cuidando no solo los elementos doctrinales, también la oración, la celebración y la vida en Cristo, adaptándose siempre a los ritmos de la persona.

En este contexto de crecimiento de fe se debe promover el *descubrimiento de la propia vocación*, a qué está llamando el Señor a esa persona. De ese modo la persona puede descubrir su misión en la Iglesia y en el mundo. Puede ir incorporándose a los diversos ministerios de la parroquia o fomentar alguno nuevo. Puede descubrir su participación en servicios que transforman el contexto social en que se inserta la parroquia o puede descubrir una llamada más amplia. De este modo se va extendiendo el reino de los cielos y se va discerniendo la propia vocación.

Hay que fomentar también pequeñas *comunidades* que permitan seguir creciendo en la fe. Comunidades en las que uno se sienta acogido por su nombre y nunca se sienta un número. En un mundo que suscita el individualismo y la soledad, nuestras parroquias deben de ser como oasis de humanidad y de comunidad donde las personas se sientan acogidas y amadas.

Hemos de recuperar la *eucaristía dominical* como centro de la vida parroquial, fuente y culmen de la misión. La celebración de los sacramentos debe ser muy cuidada, no como meros ritos sagrados sino como presencia de Cristo en nuestra vida que nos acompaña y sostiene en nuestro camino. De un modo especial debemos cuidar la eucaristía del domingo, hemos de recuperar el domingo como el día de la comunidad. Cuidar de un modo exquisito la celebración de esa eucaristía, bien preparada, con cantos adecuados y cantores que expresen de ese modo su fe, con un buen equipo de acogida que haga que nadie se sienta extraño sino bien recibido. Los sacerdotes deben de preparar muy bien la homilía dedicando tiempo para ello, hemos de ayudarles a que puedan liberar tiempo para preparar ese momento de actualización orante de la Palabra de Dios para la comunidad. En fin, hemos de buscar celebraciones vivas, vibrantes, que nos permitan descansar en el Señor con los hermanos y salir fortalecidos y alimentados.

Hijos de un Dios que nos ama y nos acompaña

Finalmente hemos de recordar cómo es nuestro Dios. Un Dios que no nos lo da todo hecho, sino que nos elige y capacita para hacerlo y nos acompaña.

Es el *Dios de Abraham*: «Sal de tu tierra, de tu patria, y de la casa de tu padre, hacia la tierra que te mostraré. Haré de ti una gran nación, te bendeciré, haré famoso tu nombre y serás una bendición» (Gn 12,1-2). Es el Dios que llama a Abraham a salir de su tierra, que le pide que se ponga en camino. Abraham no sabe dónde está esa tierra, por dónde se va, cuánto tiempo le costará llegar, cuántas dificultades, Dios le pide que se ponga en camino y que se fíe, que confíe, le promete que no le abandonará y eso es suficiente para Abraham.

Es el *Dios de los profetas*, el Dios de Jeremías: «El Señor me contestó: –No digas que eres un niño, pues irás adonde yo te envíe y dirás lo que yo te ordene. No les tengas miedo, que yo estoy contigo para librarte» (Jr 1,4-8). Jeremías se siente pequeño, un niño, incapaz de la misión que Dios le propone y ese Dios no le da muchas más pistas, le pide que no tenga miedo y le promete que estará con él siempre y eso le basta.

Es también *el Dios de María*: «El ángel le contestó: "El Espíritu Santo vendrá sobre ti, y la fuerza del Altísimo te cubrirá con su sombra; por eso el Santo que va a nacer será llamado Hijo de Dios» (Lc 1,35). También llama a María para una misión extraordinaria y, si nos fijamos en la respuesta del ángel, no aparecen muchos detalles de cómo llevar a cabo la misión que le pide, pero eso sí, le asegura su fuerza y su presencia y eso es suficiente para María, para ponerse en camino.

Es el *Dios, Padre de nuestro Señor Jesucristo*, ese que ha prometido su presencia «todos los días, hasta el final de los tiempos» (Mt 28,20).

De nuevo, en esta etapa de la historia en la que el Señor nos llama a abrir caminos, a reformar de nuevo su Iglesia, tampoco los caminos están claros, tampoco sabemos cuánto tiempo será necesario, sí que sabemos que habrá dificultades y problemas, pero también sabemos que no nos va a faltar su auxilio, que su Espíritu sigue soplando e impulsando la Iglesia. No necesitamos ver el final del camino, tan solo el trecho hasta la próxima curva y vivirlo con la confianza que tienen un niño en brazos de su madre.

«Espere Israel en el Señor, ahora y por siempre» (Sal 130).

CATECISMO
«BUSCAD AL SEÑOR»
Claveses pastorales de la Iniciación cristiana de adultos

Francisco Julián Romero Galván.
Director de la Comisión para Evangelización,
Catequesis y Catecumenado de la
Conferencia Episcopal Española

Introducción

En una sociedad en la que el mensaje y los lenguajes evangélicos son cada vez menos significativos para la vida de las personas, la Iglesia identifica como uno de sus mayores retos el de la transmisión de la fe. Se constata que se ha roto la cadena de la transmisión de la fe y toda la Iglesia, interpelada por el mandato misionero de Cristo: «Id y hacer discípulos» (Mt 28,19) asume con ilusión y valentía este reto.

Para ser fiel a la llamada misionera de Jesús, hemos de considerar y entender el contexto humano y social en el que vive la Iglesia pues, de no hacerlo, podemos concebir acciones que no respondan a las necesidades del hombre de nuestro tiempo.

Una de las notas de nuestro contexto es la *secularización*, que es una realidad ambivalente: si bien puede ser considerada como una dificultad para evangelizar, también revela como una oportunidad para transmitir la fe al ser humano que busca, que tiene inquietud, que quiere encontrarse a sí mismo, que necesita dar respuesta a las grandes preguntas que anidan en su corazón mientras se afana de integrarse en el mundo en el que vive.

Podemos hablar, además, como segunda nota, de la conciencia de que estamos en una *nueva época* donde ya no está vigente el régimen de cristiandad. Esto nos obliga a resintonizar con nuestro tiempo no ya desde un papel protagonista social, sino como un actor más de la misma.

En esta realidad es donde la Iglesia recibe la llamada a evangelizar y, en este reto, adquiere especial protagonismo los *procesos de iniciación cristiana*: los procesos para hacer nuevos cristianos. ¿Cuál es el itinerario adecuado?, ¿qué metas les queremos proponer para que maduren su fe a la vez que responden a sus propias necesidades e interrogantes? Por una parte, encontramos la necesidad de despertar la fe a través del primer anuncio y, por otra, dar continuidad a la maduración de la fe en aquellos que han recibido este primer anuncio y han despertado en su persona la simpatía por la figura de Jesús, el deseo de conocerlo y seguirlo. Este segundo momento es lo que llamamos el *Itinerario de Iniciación Cristiana*.

El Catecismo *Buscad al Señor* viene al encuentro de estas personas que ya han tenido una experiencia de primer anuncio de Jesús y tienen interés por madurar su fe y ser cristiano dentro de la Iglesia.

Intención y organización

En el título ya se muestra la orientación del Catecismo. No partimos de la convicción de que quien ha conocido a Cristo ya lo ha descubierto plenamente, sino que Jesús es una persona que ha de ser descubierta, conocida y amada. Esta búsqueda del Señor se articula con una estructura que es fiel a la del catecumenado que nos presenta el Ritual de Iniciación Cristiana de Adultos (RICA) que hunde sus raíces en la naturaleza del cristianismo primitivo y lo trae a la actualidad.

Sin embargo, el Catecismo *Buscad al Señor,* como cualquier otro catecismo o manual, hay que darle vida, especialmente desde el cultivo de la figura del catequista, testigo ante los catecúmenos de aquello que está proclamando; de lo contrario, se puede derivar en una exposición meramente doctrinal.

El recorrido se hace compaginando las catequesis con las celebraciones cristianas. Las personas «se hacen cristianas» en un camino sustentado en dos columnas fundamentales: la catequesis y la litúrgica. Ambas dimensiones, a través del anuncio del evangelio y la asistencia de la gracia, propician que las personas vayan estructurándose como discípulas misioneras.

El tiempo que esta maduración implica requiere tiempo. No se debe hacer precipitadamente. Más aún en nuestra época, donde ya no se vive en una sociedad culturalmente cristiana. Los nuevos catecúmenos tienen una ignorancia profunda de los rudimentos, lenguajes y símbolos tradicionales de nuestra fe. La Iglesia debe buscar formas y lenguajes comprensibles para el hombre de hoy y, a la vez, ir insertándolo en su propia vida.

El Catecismo, por tanto, propone un recorrido en 49 temas que se habrían que desarrollar, como mínimo, en dos años litúrgicos. Como se dijo, la estructura es fiel al del catecumenado que propone el RICA:

– *Tiempo del precatecumenado*: dirigida a las personas que manifiestan inquietud por conocer al Señor. Es en esta etapa donde se anuncia el kerygma. Los primeros temas desgranan este mensaje nuclear de nuestra fe acompasado con criterios para que la persona se deje guiar por la gracia de Dios acompañado por la Iglesia. El RICA advierte que este tiempo es fundamental y que nunca debe ser suprimida en los procesos de Iniciación cristiana, pues es en esta etapa donde arraigan las grandes preguntas que han de abordar quienes quieren ser cristianos. Cuando ya se ha constatado una fe inicial y un deseo de conversión si realizará el rito de la *entrada en el catecumenado*.

– *Tiempo del catecumenado*: Es un tiempo más prolongado que el del precatecumenado. Es en este tiempo es donde se desarrolla los contenidos de la fe de la Iglesia y se enseña a vivirla. El rito que pone fin a esta etapa es el de *elección e inscripción del nombre*. En este rito se expresa que Dios exige a esta persona para la celebración de los sacramentos de la iniciación impartidos por la Iglesia en la noche de Pascua.

– *Tiempo de purificación e iluminación*: Es un tiempo breve, que prepara al catecúmeno para la *recepción de los sacramentos* de la Iniciación cristiana.

– *Tiempo de la mistagogía*: es la etapa que sigue a la recepción de los sacramentos de iniciación. Se revive la gracia de Dios recibida y se integra al ya cristiano en el seno de la comunidad cristiana de forma que viva su fe en *la comunidad* alimentado por la Palabra y el ejercicio de la caridad.

Destinatarios

Hay dos destinatarios fundamentales de estos procesos. Un primer destinatario lo constituye todos aquellos que no han recibido al bautismo; es decir, son *catecúmenos*. Sin embargo, este catecismo es idóneo también para *aquellos que quieren revitalizar su fe*; bien porque fueron bautizados de niño y tuvieron una nula o deficitaria iniciación cristiana o desean madurar su fe para abordar con sentido cristiano los retos de nuestra sociedad.

Estructura

Precediendo a todos los temas del Catecismo, encontramos una exposición de toda la Historia de Salvación que Dios inició con su pueblo y sigue realizando en la actualidad. Esta Historia de la Salvación se rescata del catecismo anterior de adultos *Esta es nuestra fe, esta es la fe de la Iglesia*, publicada en los años 80 por la Conferencia Episcopal Española. El valor teológico, pedagógico, catequético y literario de esta Historia de la Salvación es tal que se ha considerado oportuno incorporarlo a este catecismo. Igual que Dios ha hecho una historia de Salvación con el pueblo de Dios, también quiere hacer una Historia de Salvación con aquellos que van a usar este texto. De esta forma, la Historia de la Salvación del pueblo de Israel ilumina la actual «historia de la salvación» del catecúmeno.

– Precatecumenado: Temas 1 al 8

Se ofrecen textos bíblicos y recursos necesarios para dar los primeros pasos para consolidar una fe inicial y un deseo de conversión.

– Catecumenado: Temas 9 al 34

Se estructura en varios bloques.

El primero es: *Qué cree la Iglesia* (temas 9 al 16). Es una exposición de los distintos contenidos del Credo.

Por la metodología interna de cada tema, se vislumbra que se huye de una exposición meramente doctrinal, sino que se pretende dar herramientas a las personas para que entiendan los contenidos, lo integren en su vida, lo sepan vivir en la Iglesia y su vida cotidiana. De forma que la catequesis se convierta en un auténtico proceso de maduración de fe y construcción como cristiano

Continúa el segundo bloque: *Qué vive la Iglesia* (temas 24 al 30). Es una parte del catecismo que está centrado en la disposición de la persona a abrirse a la gracia de Dios que le conducirá a una ida virtuosa sostenida por el amor de Dios y expresada en el amor al prójimo. Termina este segundo bloque con la *entrega del Decálogo.*

El tercer bloque dentro del catecumenado es *Qué celebra la Iglesia* (temas 31 y 32). Son dos temas centrados en la celebración de la Iglesia, especialmente en los sacramentos. Es un tiempo donde el catecúmeno experimenta cómo la vida de Dios se hace presente en la vida humana y obra la salvación.

Finalmente, el catecumenado se cierra con un cuarto bloque: *Qué ora la Iglesia,* donde el catecúmeno aprende a hablar con Dios, que no es otra cosa que hablar con nuestro padre celestial. De ahí que el núcleo de estos dos temas sea la oración del padrenuestro.

Tras recorrer estos cuatro bloques del Catecumenado advertimos cómo se han desarrollado siguiendo la misma estructura del Catecismo de la Iglesia Católica, que se articula en cuatro partes: revelación, celebración y sacramentos, vida y oración cristianas.

Como habíamos indicado anteriormente, el tiempo del catecumenado termina con el rito de *Elección* o de *inscripción del nombre*.

– Purificación e iluminación: Temas 35 al 38

Es la etapa previa a la recepción de los sacramentos de iniciación cristiana y conviene que se extienda por toda la Cuaresma previa a la celebración de la Iniciación en la noche de Pascua. Es un tiempo de preparación. Los catecúmenos, que no han recibido el bautismo, se preparan para recibirlo y, aquellos que están revitalizando su fe, se preparan para renovar sus promesas bautismales.

Aparecen aquí cuatro catequesis, tres de ellas fundamentales y que están relacionadas en la revelación que Cristo hace de su ser en el evangelio de Juan y que permean los escrutinios: «Yo soy el agua viva» (cf. Jn 4,10), «Yo soy la luz» (cf. Jn 8,12) y «Yo soy la resurrección y la vida» (cf. Jn 13,25). Estas son catequesis espirituales que preparan para la recepción de los sacramentos de iniciación cristiana (bautismo, confirmación y eucaristía) o para la renovación de la fe bautismal.

– Mistagogía: temas 39 al 49

Es el tiempo que prosigue inmediatamente a la celebración de los sacramentos de iniciación (o renovación de la fe bautismal). En esta etapa se desgrana de una manera mistagógica, experiencial, vivencial, espiritual, cada uno de los sacramentos recibidos, concluyendo con el compromiso del cristiano en el mundo y su esperanza escatológico. Es decir, una mirada a este mundo y a la vida eterna.

Metodología

La estructura de los 49 temas es homogénea.

Apertura: Todos los temas abren con una imagen pictórica desde la que se despiertan cuestiones importantes que serán iluminadas a lo largo de la catequesis. Junto a la imagen aparecen una serie de frases cortas que complementan la activación del encuentro. Todo desemboca en el título de la catequesis. Estas aperturas no tienen una exigencia previa respecto al destinatario: están pensadas para personas que conozcan más o menos a Jesús, que tengan una vivencia más profunda o menos de la fe.

Lámpara es tu Palabra para mis pasos: Se plantea un texto muy breve de la Sagrada Escritura que orienta el sentido de todo el tema iluminándolo con la Palabra de Dios. Es como abrir una ventana y encontrarse con un paisaje que hay que explorar.

Para iluminar la vida: Es un primer cuestionamiento que se lanzan a las personas sobre el paisaje que se les está presentando a partir de las dos secciones anteriores. No se trata de dar respuestas, sino de generar preguntas que serán abordadas a lo largo de la Catequesis en otros momentos. Se suscitan, de esta manera, una serie de planteamientos grupales e individuales que han de ser abordados y dialogados.

La fe de los cristianos: Es el núcleo de la catequesis. Es aquí donde se desarrollan los contenidos de nuestra fe que están relacionados con los temas que se han suscitado. El catequista debe desarrollar este momento en relación con las preguntas que el grupo ha planteado. A la izquierda se ofrecen unas cuestiones breves que pueden haber salido o que se pueden introducir, si no lo han hecho antes. Es la sección más extensa.

Expresión de fe: Se dan pautas para expresar en la propia vida la fe que han recibido a través de la oración y de la liturgia. Aquí se ofrecen unas pautas para orientar a las personas para que den continuidad en su vida a la catequesis, tanto en los ámbitos privados como comunitarios.

La fe hecha cultura: En el entorno social y cultural en el que nos movemos, encontramos elementos que nos llaman a profundizar en las catequesis que se han recibido.

Materiales

Se han publicado tres materiales diferentes:
- El *libro del catecúmeno.*
- La *guía del Catecismo*: se dan orientaciones al catequista para acompañar los procesos catequéticos planteados y se ofrece material adicional a través de QR.

– *Celebraciones y entregas*: desdobladas para bautizados (que son las del RICA) y para no bautizados (adaptaciones de las del RICA).

Los tres materiales quieren ser un instrumento idóneo para acompañar el proceso de iniciación cristiana para adultos: bien para aquellos que ha conocido por primera vez al Señor en métodos de primer anuncio o para aquellos que, habiéndolo conocido y recibido el bautismo, quieren revitalizar su fe.

El reto está en preparar y formar a las comunidades parroquiales para que sean capaces de entender e integrar a nuevas realidades evangelizadoras que están surgiendo y, a la vez, ser fiel al hombre y la sociedad de hoy.

3

LA TRANSMISIÓN DE LA FE HOY: DIFICULTADES Y OPORTUNIDADES

Jesús Rojano Martínez, SDB
Instituto Superior de Pastoral,
Universidad Pontificia de Salamanca

Para comprobar que este problema viene de lejos, veamos lo que escribía uno de los grandes profesores referentes del Instituto Superior de Pastoral, Juan de Dios Martín Velasco, en 2002:

«La transmisión de la fe ocupa el primer plano de las preocupaciones de la Iglesia y de las comunidades cristianas. La razón de esa preocupación está en la grave crisis por la que atraviesa esa transmisión, crisis que se inscribe en la crisis de la fe que padecen la mayor parte de los países occidentales de tradición cristiana; que parece poner en cuestión el futuro mismo del cristianismo en ellos y que constituye una de las causas más importantes del malestar religioso que caracteriza a los sujetos y a las comunidades cristianas de estos países. Junto con la evangelización, de la que la transmisión de la fe forma parte o con la que está estrechamente vinculada, la transmisión de la fe aparece como el objetivo pastoral prioritario de la mayor parte de las Iglesias particulares y de sus comunidades»[1].

A lo largo de esta exposición iremos citando este libro como muestra de la clarividencia de su autor. Para agilizar la lectura, lo citaremos en el cuerpo del texto como JMV y número de página.

Contamos con una reflexión y unos documentos importantes para abordar este tema, como el nuevo *Directorio para la catequesis* (desde aquí, DC)[2] y textos de AECA[3] y de episcopados europeos, como el francés[4]. Pero son evidentes las dificultades actuales para la transmisión de la fe. Y unas veces una cosa es lo que aparece en nuestros documentos, y otra lo que de verdad sucede.

Dificultades

Confusión y lagunas en los procesos de iniciación cristiana

El documento de síntesis de la Iglesia española para la sesión sinodal de octubre de 2024 presenta en la primera

---

[1] JUAN DE DIOS MARTÍN VELASCO, *La transmisión de la fe en la sociedad contemporánea*. Santander, Sal Terrae, 2002, p. 7.

[2] PONTIFICIO CONSEJO PARA LA PROMOCIÓN DE LA NUEVA EVANGELIZACIÓN, *Directorio para la Catequesis*. Madrid, EDICE, 2020.

[3] ASOCIACIÓN ESPAÑOLA DE CATEQUETAS (AECA), *Hacia un nuevo paradigma de la iniciación cristiana hoy*. Madrid, PPC, 2008.

[4] CONFERENCIA DE LOS OBISPOS DE FRANCIA, *Texto nacional para la orientación de la catequesis en Francia y principios de organización*. Madrid, CCS, 2008.

parte dos prioridades: *La iniciación cristiana* y *Los pobres en el camino de la Iglesia*. Sobre la primera leemos:

> «Partiendo de que todos formamos parte de la comunidad, todos somos responsables de la evangelización, se hace necesario que la iniciación cristiana y el primer anuncio deben complementarse, renovarse, ser entendidos como procesos de maduración en la fe. El objetivo es pasar de un *cristianismo sociológico* a una fe en Jesús descubierta»[5].

Habitualmente se distinguían unas etapas claramente delimitadas en la iniciación cristiana: primer anuncio, conversión, procesos de catecumenado y educación permanente de la fe. El *Directorio para La Catequesis* de 2020 reconoce, sin embargo, que «si bien la distinción conceptual entre pre-evangelización, primer anuncio, catequesis y formación permanente sigue siendo útil, en el contexto actual ya no es posible hacer esta diferencia. Por una parte, quienes hoy piden o han recibido la gracia de los sacramentos a menudo no tienen una experiencia personal de la fe o no conocen íntimamente su fuerza y su ardor. Por otra parte, un anuncio formal que se limite al mero enunciado de los conceptos de la fe no permite comprender la misma fe» (*DC* 56). En conclusión, hay prioridad del primer anuncio, que, como afirma el papa Francisco en *Evangelii gaudium*, siempre «debe ocupar el centro de la actividad evangelizadora» (*EG* 164).

---

[5] https://www.conferenciaepiscopal.es/wp-content/uploads/2024/05/Documento-de-Sintesis-de-la-CEE-HACIA-OCTUBRE-2024.pdf.

Llegar a ser cristiano significa ante todo dejarse transformar por la acción de Dios, pero es cierto que, en un sentido amplio, la iniciación cristiana indica también el proceso de apropiación personal que lleva a la profesión de fe y a la plena incorporación a la Iglesia. En el catecumenado cristiano de los primeros siglos tenía mucha importancia la *Redditio* o acogida de la fe. Así, junto a la *Traditio* o entrega del Evangelio, es fundamental redescubrir la *Redditio* o capacidad del sujeto de adherirse existencialmente al Evangelio recibido y volver a narrar con palabras propias y con hechos coherentes lo que le ha sido entregado: devolver a la Iglesia lo que de ella han ido recibiendo en concepto de enseñanza: «Es importante que la catequesis no se centre únicamente en la transmisión de los contenidos de la fe, sino también en el *proceso de recepción personal de la fe*, de modo que el acto por el que se cree exprese mejor las razones de libertad y responsabilidad que la misma fe conlleva» (*DC* 396).

El gran escritor francés Emmanuel Carrere escribió un libro en 2014, *El Reino*, donde cuenta su conversión al catolicismo tras ser convencido y dirigido durante unos meses por una mujer católica muy carismática. Pero unos meses después abandona la fe y se pregunta por qué estaba tan convencido de su conversión y, unos meses después, de lo contrario. ¿Qué grado de certeza, de adhesión convencida a la fe había durante sus meses de católico convencido? Citamos su caso porque esa conversión y ese posterior abandono por falta de una verdadera consolidación del proceso de conversión se viene repitiendo en Occidente.

Quiebra de la transmisión

Según Pablo, la fe llega por el oído, porque alguien nos la cuenta. Escribía así Martín Velasco: «El vaciamiento religioso observado en las sociedades modernas, que tiene una de sus claves en la crisis de la transmisión, tendría su última razón de ser en "la situación de amnesia que produce, en las sociedades tecnológicamente más avanzadas, la dislocación pura y simple de toda memoria que no sea inmediata y funcional" (Danièle Hervieu-Léger)» [6].

El filósofo Byung-Chul Han dedica un libro a describir esa ruptura de las cadenas narrativas y lo titula *Crisis de la narración*. Hacia el final, cita la narración con que Gershom Scholem concluyó un libro sobre la mística judía con esta historia jasídica:

> «Cuando el Baal Shem, el fundador del jasidismo, debía resolver una tarea difícil, cuando debía realizar alguna obra en bien de las criaturas, iba a un determinado sitio en el bosque, encendía un fuego y, sumido en sus meditaciones, musitaba plegarias. Y todo lo que emprendía entonces se realizaba tal como se lo había propuesto. En la siguiente generación, cuando el Maguid de Mezritch hubo de afrontar un gran reto, se dirigió a ese mismo sitio del bosque y dijo: "Ya no sabemos hacer fuego, pero podemos recitar las oraciones". Y después de haberlas recitado, todo ocurrió según lo había planeado. En la siguiente generación, Rabi Moshe Leib de Sasov tuvo que

---

[6] Juan de Dios Martín Velasco, *o. c.*, p. 43.

realizar una gran hazaña. También él fue al bosque y dijo: "Ya no sabemos hacer fuego, hemos olvidado las meditaciones que alientan la plegaria. Pero conocemos el lugar del bosque donde todo eso debe hacerse, y con eso debe bastar". Y en efecto, resultó que con aquello fue suficiente. Pero cuando, transcurrida otra generación, Rabi Israel de Rischin se propuso afrontar una gran tarea, permaneció en su castillo, sentado en su trono dorado, y dijo: "No sabemos hacer fuego, no somos capaces de recitar las oraciones prescritas y ni siquiera conocemos tampoco el lugar del bosque. Pero podemos contar la historia de todo esto". Y bastó con narrar aquella historia para lograr el mismo efecto que también habían alcanzado los tres anteriores».

Pero hoy, concluye Han, «el mundo se va desencantando progresivamente. Hace tiempo que se apagó el fuego mítico. Ya no podemos recitar plegarias. Tampoco somos capaces de meditar en secreto. Incluso nos hemos olvidado del lugar mítico en el bosque. A eso se le suma hoy, además, algo decisivo: estamos a punto de perder incluso la capacidad de narrar, con la que aún seríamos capaces de evocar posteriormente aquel suceso mítico»[7].

En resumen, la instantaneidad, la superficialidad y el prescindir de la sana tradición matan la capacidad de escuchar y transmitir buenas historias. Eso casi imposibilita la transmisión de la fe.

---

[7] Byung-Chul Han, *Crisis de la narración*. Barcelona, Herder, 2023, pp. 71-72.

Una cultura de «ausencia de Dios»

Habitamos una situación de indiferencia generalizada, donde «lo normal es no creer» (Charles Taylor). Lo vio bien Martín Velasco: «En esta situación, para bien y para mal, la transmisión de la fe, si se opera, será a través de *cauces propios*, independientes de los que actúan generalmente en los procesos de socialización y de transmisión de la cultura»[8].

No obstante, para autores como Gianni Vattimo la secularización puede ser una ventaja para el creyente cristiano que desee vivir con autenticidad, pues el mismo Dios nos ha dado ejemplo de secularizarse y de hacerse débil por amor en la *kénosis* de Cristo[9]. José María Mardones también escribió en sus últimas obras sobre la oportunidad de encontrar a Dios en el mundo secular y finito, partiendo de la realidad de la encarnación de Cristo. Y mejor que las palabras, tenemos el ejemplo de la presencia de la gran santa laica, Madeleine Delbrêl, en la «periferia roja» de París en los años 40 y 50 del pasado siglo[10]. Menos conocido en España es el salesiano *Jean*-Marie Peticlerc, que ha trabajado muchos años como educador social con jóvenes, sobre todo de procedencia magrebí, de los barrios más conflictivos (*banlieues*) de París y Lyon. Cuando al-

---

[8] JUAN DE DIOS MARTÍN VELASCO, *o. c.*, p. 46.

[9] Cf. GIANNI VATTIMO, *Creer que se cree*, Paidós, Barcelona 1996; ID., *Después de la cristiandad. Por un cristianismo no religioso*. Barcelona, Paidós, 2003.

[10] Cf. un buen resumen sobre ella en ANDREA RICCARDI, *Periferias. Crisis y novedades para la Iglesia*. Madrid, San Pablo, 2017, pp. 136-146.

guien le dijo que nunca evangelizaba por no nombrar a Jesús, respondió: «El obrero que se levanta a las 5 para trabajar no necesita repetirse cada media hora: "Esto lo hago por mi mujer y mis hijos" ... Se puede evangelizar viviendo como Jesús en este mundo secularizado».

Vivimos en una era de «ética de la autenticidad»
(Charles Taylor)

Hoy nadie acepta que se le impongan cosmovisiones o creencias religiosas. Todos queremos ser autónomos, adultos, «auténticos». Lo veía así Martín Velasco: "La «modernidad psicológica» designa el predominio de la autonomía del individuo, la importancia atribuida a su propia realización, al desarrollo de la propia persona, frente a las pretensiones de las diferentes autoridades, principios e instituciones, de regular sus comportamientos. En el terreno religioso, se da una desregulación general de las creencias y de las prácticas, y cada sujeto define y compone, en torno a la propia experiencia, su vida religiosa"[11].

El prestigioso filósofo canadiense *Charles Taylor*, católico practicante, afirma que se ha ido dando en las últimas décadas un «deslizamiento hacia el individualismo expresivo y la ética de la autenticidad». Hoy nadie se va a hacer cristiano si no se convence por sí mismo que es la mejor

---

[11] JUAN DE DIOS MARTÍN VELASCO, *o. c.*, p. 48.

opción, que se va a realizar como persona feliz...[12]. Una fe no elegida libremente se abandonará, antes o después. El europeo moderno medio, decía *Ulrich Beck*, elige su «Dios personal»[13] a su medida.

Instalación en lo superficial

Desde hace años vivimos en una cultura muy superficial. El mismo día en que redacto esta ponencia los medios comentan las canciones del festival de Eurovisión 2024: el "profundo" estribillo de la canción española era «zorra, zorra, zorra», la canción de la antes católica Irlanda representaba un ritual satánico mientras que la canción de Ucrania hablaba sobre Teresa de Calcuta y la Virgen María[14]. Por si este lío fuera poco, a la vez se desarrollaba el culebrón de las clarisas sedevacantistas dirigidas por un falso obispo... Esta mezcla superficial del «todo vale» es lo más opuesto a la frase de san Juan de la Cruz que citaba con frecuencia Juan Martín Velasco: «Dios está en el más profundo centro del alma». Imposible acceder hasta ahí en un clima de superficialidad.

Me parece muy acertado este diagnóstico del teólogo jesuita *Gabino Uríbarri*: «La única manera de que fragüe

---

[12] Cf. Charles Taylor, *La era secular*, 2 vol., Barcelona, Gedisa, 2014 y 2015. Id., *El futuro del pasado religioso*. Madrid, Trotta, 2021.

[13] Cf. Ulrich Beck, *El Dios personal. La individualización de la religión y el «espíritu» del cosmopolitismo*. Barcelona, Paidós, 2009.

[14] Cf. https://www.elconfidencial.com/television/eurovision/2024-05-12/tve-eurovision-salir-nebulossa-volver-ser-fue_3882116/.

positivamente la vinculación entre la fe y los sacramentos, y, con ella, la iniciación cristiana, reside en una socialización cristiana que toque a fondo a la persona, de manera que llegue a moldear las capas profundas de su identidad... La identidad religiosa no alcanza a tocar los niveles profundos, mientras que los suelos subterráneos de la cultura, en la que vive y de la que participa, sí que configuran la identidad: el desafío consiste en socializar en cristiano llegando a las capas hondas de la persona, al subsuelo donde se construye la identidad profunda»[15]. En efecto, es difícil acceder a lo más profundo del alma, hay que tomárselo en serio cuando acompañamos a los que se inician en la fe. Si la fe cristiana no llega a tocar el centro de la persona es como si esta abre un paraguas o lleva puesto un chubasquero, acaba resbalando sin cambiarle por dentro.

Cambios en la familia respecto a la fe

Juan Martín Velasco describía así en 2002 a los que hoy tienen 50 o 60 años:

«Una generación que no quiso retomar la herencia religiosa de sus padres de forma automática e incondicional, sino que prefirió «recrear por sí misma su propia creencia

---

[15] GABINO URÍBARRI, «La ruptura entre la fe y los sacramentos en la iniciación cristiana: perplejidades y caminos». *Pastoral Litúrgica* 36 (2018), pp.13-37.

después de haber experimentado la utilidad de ésta» y que, en consecuencia, se abstuvo de transmitir esa creencia a sus hijos, por respeto hacia su libertad... Ahora bien, mientras los padres de esa generación disponían de un bagaje religioso desde el que operar su recomposición del propio creer, sus hijos ya no disponen del utillaje cultural que les permita descodificar las amalgamas de creencias de sus padres y captar los ejes en torno a los cuales se estructuran, sobre todo en relación con el elemento institucional de la religión» [16].

El teólogo italiano Armando Matteo habla de dicha generación en su sugerente libro *Convertir a Peter Pan*. Esto repercute en la disminución de la fe cristiana en la juventud actual. Lo constataba así Martín Velasco en la obra mencionada:

«Hay una gran variedad de tipos que ofrece la juventud en relación con la religión... D. Hervieu-Léger ha ofrecido una tipología interesante para agrupar las búsquedas personales de construcción de la propia identidad religiosa de los jóvenes actuales destinatarios de los procesos de transmisión, según privilegien los componentes comunitario, ético, cultural o emocional» [17].

«Lo que los datos ofrecen, más que la quiebra de la transmisión, es una pluralidad de formas nuevas de

---

[16] Juan de Dios Martín Velasco, *o. c.*, pp. 59-60.
[17] Juan de Dios Martín Velasco, *o. c.*, pp. 62-63.

transmisión que producen una pluralidad de formas de recepción que origina formas notablemente variadas de ser cristianos entre los destinatarios de la transmisión, como muestran las tipologías de la religiosidad juvenil»[18].

Evangelizadores poco evangelizados

La mayor dificultad, según Martín Velasco, no la encontramos fuera sino dentro de los propios agentes pastorales. Según él, «del conjunto de la Iglesia puede decirse, como Karl Rahner dijo de la de su país, que es una Iglesia terriblemente pobre en espiritualidad»[19]. Y añadía:

«Tal vez tengamos que reconocer que nuestras comunidades no transmiten porque no somos de verdad cristianos, no vivimos como tales, no constituimos la semilla, la levadura, la luz, la sal que el Evangelio nos invita a ser, y que, en la medida en que lo son, y por el solo hecho de serlo, germinan, fermentan, iluminan y sazonan. Tal vez la falta de renovación generacional que padece el cristianismo se deba en buena medida a la falta de renovación interior, espiritual: la renovación, procedente del Espíritu de Dios, de las generaciones encargadas de la transmisión»[20].

---

[18] JUAN DE DIOS MARTÍN VELASCO, o. c., p. 67.
[19] JUAN DE DIOS MARTÍN VELASCO, o. c., p. 18.
[20] JUAN DE DIOS MARTÍN VELASCO, o. c., p. 25.

Ya en nuestra actualidad teológica, el reconocido teólogo checo Tomáš Halík afirma que estamos en un momento de atardecer del cristianismo: «La tarde de la vida –la madurez y la vejez– trae una tarea más importante que la vida del mediodía: el camino espiritual, el descenso a las profundidades ... El incumplimiento de las tareas de esta etapa vital, el *mal envejecimiento*, trae rigidez, desajustes emocionales, ansiedad, desconfianza, atención por las cosas insignificantes, autocompasión, hipocondría y un carácter que aterroriza a su entorno»[21]. El atardecer puede ser una oportunidad (por la acumulación de sabiduría, por ejemplo), un *kairós*, pero «también en la historia del cristianismo acecha la posibilidad de un mal envejecimiento»[22]. El teólogo checo cita varios ejemplos de este declinar de la espiritualidad en muchos cristianos con responsabilidades pastorales:

> «El público secular ha empezado a ver a la iglesia como un grupo de indignados que se centran obsesivamente en ciertos temas (el aborto, los preservativos, las uniones entre personas del mismo sexo) en los que repite su anatema de forma incomprensible para el resto; la gente sabe en contra de qué están los católicos, pero ya no entiende de qué cosas están a favor y qué pueden aportar al mundo actual»[23].

---

[21] Tomáš Halík, *La tarde del cristianismo. Valor para la transformación*. Barcelona, Herder, 2023, p. 57.

[22] Ibíd., p. 59.

[23] Ibíd., p. 124.

«Cuando escucho algunas prédicas, leo algunos diarios parroquiales y ciertas publicaciones religiosas, se me ocurre que no sólo deberíamos investigar por qué la gente abandona la Iglesia, sino que deberíamos preguntarnos de dónde sacan la fuerza y la paciencia los que todavía permanecen»[24].

El papa Francisco también denunciaba esta caída en nuestra vitalidad evangelizadora en 2013: «Si uno no descubre a Jesús presente en el corazón mismo de la entrega misionera, pronto pierde el entusiasmo y deja de estar seguro de lo que transmite, le falta fuerza y pasión... Una persona que no está convencida, entusiasmada, segura, enamorada, no convence a nadie... Unidos a Jesús, buscamos lo que Él busca, amamos lo que Él ama... Algunas personas no se entregan a la misión, pues creen que nada puede cambiar y entonces para ellos es inútil esforzarse» (EG 266-267; 275).

Me viene a la memoria el comentario que hace Jon Sobrino comentando la escena en que Jesús mira a Pedro en Lc 22 nada más proferir éste sus negaciones. Jon Sobrino pregunta: la Iglesia actual, cada uno de nosotros como evangelizadores desanimados, ¿aguantaríamos la mirada de Jesús sin avergonzarnos o también tendríamos mucho por lo que llorar?

---

[24] Ibíd., p. 139.

Oportunidades y/o propuestas

Cristocentrismo

En tiempos de crisis, hay que volver a lo esencial, a centrarse en Jesús y su Evangelio. Así lo hicieron los mejores reformadores de la historia de la Iglesia como Francisco de Asís, Ignacio de Loyola o Teresa de Jesús.

Por eso algunos episcopados han escrito documento con títulos tan elocuentes como «Ir al corazón de la fe» (Episcopado francés), «Elementarización de la fe» (Episcopado alemán) o «Encontrar la fuente» (Episcopado quebequés). Se trata de una vuelta a las fuentes que favorezca una reapropiación de la fe, en una situación nueva, a partir de su centro: el Señor Jesús, Hijo de Dios vivo, revelado y donado por la fuerza del Espíritu. En los números 33-39 de Evangelii gaudium el papa Francisco recalca esa necesidad de ir al «corazón del Evangelio».

Regla de las tres D de Michael Paul Gallagher: disposición – decisión – diferencia (drama)

El jesuita irlandés Michael Paul Gallagher, en su libro *El Evangelio en la cultura actual*[25], ofrece una fórmula pastoral sugerente, el «triángulo de las tres "d"»: convergencia entre la fe como disposición, la fe como decisión y la fe como diferencia o drama:

---

[25] MICHAEL PAUL GALLAGHER, *El Evangelio en la cultura actual. Un frescor que sorprende*. Santander, Sal Terrae, 2014.

- preparar *la disposición*, o sea, ayudar a desbloquear el prejuicio frente a toda trascendencia que se da en la cultura actual, como imprescindible «preámbulo de la fe» hoy. Por ejemplo, desde fuera las vidrieras de una catedral pueden parecen sucias y feas, solo dentro y cuando se limpian parecen bellas. Hay un trabajo previo para invitar a entrar en el evangelio y limpiar ciertos prejuicios ya seculares.
- ayudar a tomar la *decisión* de ser seguir a Jesús y que esta sea asumida personalmente con madurez,
- y dar herramientas para que tener el coraje de *ser diferente*, pues hoy un creyente coherente tendrá que acostumbrarse a ser alternativo a las corrientes sociales dominantes (sin que se encierre en ningún gueto ni busque el choque por el choque) ni haga de su vida un drama («nos persiguen todos»).

Dimensión mistagógica y experiencial en la transmisión de la fe

Juan Martín Velasco explica en este clarificador texto la importancia de lo experiencial-mistagógico:

«Lo que llamamos «transmisión de la fe» consiste en ayudar al sujeto a prestar atención, a tomar conciencia y a consentir a una Presencia con la que ese sujeto ha sido ya agraciado: esa Presencia originante de Dios y de su gracia que hace de él un sujeto creado a imagen de Dios y dotado de una fuerza divina de atracción. De ahí que todo proyecto de transmisión de la fe que quiera estar a la altura de lo que transmite, tenga su centro en la *posibilitación de una experiencia* y deba comenzar por ser una acción mistagógica, un proceso de iniciación que acompañe al sujeto, que le conduzca a ese descubrimiento expreso, a esa acogida personal, en que consiste la fe, del Misterio que lo habita, lo sostiene en el ser y lo atrae hacia sí [...]. Sólo hay transmisión a un sujeto cuando se ha suscitado en él la respuesta que hace posible la adhesión creyente de toda su persona a la Presencia de Dios en él»[26].

Por su parte, *Karl Rahner* utiliza un buen ejemplo. Las acciones de la Iglesia y sus agentes en la tarea de la transmisión no consisten en «un vasto y complicado sistema de irrigación, destinado a llevar a la tierra del corazón el agua de la palabra, los sacramentos, sus prácticas y sus estructuras, para así hacer esa tierra fructífera»[27]. El agua de todos esos medios tiene que confluir con el agua que mana del centro de la persona. Hay también un manantial, un pozo en el interior de la persona, con el que tiene que entrar en contacto el agua que viene del exterior. Afirma Martín Velasco que «el proceso de la transmisión requiere, pues, la atención al "Maestro interior" y al testimonio del Espíritu en el interior de cada persona»[28], de modo que «el problema de la transmisión consiste en ayudar eficaz-

---

[26] Juan de Dios Martín Velasco, *o. c.,* pp. 85-86.
[27] Karl Rahner, *Palabras de Ignacio de Loyola a un jesuita de hoy.* Santander, Sal Terrae, 2014, pp. 11-12.
[28] Juan de Dios Martín Velasco, *o. c.,* p. 90.

mente al sujeto a eliminar los obstáculos que impiden a ese Misterio aflorar a su conciencia y que dificultan a su voluntad y a su libertad adherirse a su acogida personal»[29]. «Supuesta esa Presencia, hay que romper con formas de existencia que hacen imposible su manifestación. «Dios no está lejos, cerca de ti está la palabra, en tus labios y en tu corazón» (Hch 17,27; Rm 10.8), pero el ser humano puede estar lejos de él»[30], o sea, puede instalarse en lo superficial. Esa ruptura que pide Martín Velasco equivale a *la primera D* de Gallagher...

Más recientemente, Halík explica lo mismo de otra forma: «El principal reto del cristianismo eclesiástico actual es el giro desde la religión hacia la espiritualidad. El *interés por la espiritualidad* es una corriente creciente que socava las viejas orillas y forma nuevos caminos... Las iglesias mayoritarias no estaban preparadas para la sed de espiritualidad y a menudo siguen siendo incapaces de responder a ella adecuadamente ... El futuro de las iglesias depende en gran medida de si comprende la importancia de este punto de inflexión, cuándo y en qué medida y cómo van a responder a este signo de los tiempos»[31].

Acogiendo la distinción de Robert Wuthnow entre *moradores* (están dentro de la Iglesia) *y buscadores* (están fuera, pero buscan), coincido con la propuesta de Gabino Uríbarri en el artículo antes mencionado: hay que

---

[29] JUAN DE DIOS MARTÍN VELASCO, *o. c.*, p. 91.
[30] JUAN DE DIOS MARTÍN VELASCO, *o. c.*, p. 92.
[31] TOMÁŠ HALÍK, *o. c.*, pp. 203-204.

procurar que se acerque la gente en búsqueda de experiencias espirituales, respetando al máximo el itinerario personal, sin juzgar ni condenar; pero a la vez ofrecer una forma concreta de espiritualidad con formato eclesial claro.

Facilitar al sujeto experiencias de trascendencia
y ayudarle a interpretarlas

Se trata de episodios en los que se entra en contacto con algo que nos supera de forma absoluta, que permite vislumbrar en la propia vida un más allá del estrecho mundo de una existencia puramente mundana. Unas experiencias que pueden producirse en situaciones variadas: el contacto con la naturaleza, el disfrute de la belleza, las experiencias éticas o momentos de descubrimiento del rostro del otro como un límite infranqueable a mi ambición de posesión y dominio. El sociólogo alemán Hans Joas las llama experiencias de *auto-trascendencia* y está escribiendo bastante sobre ellas[32]. Según Joas, los modos secular y religioso de relacionarse con el mundo se diferencian en que el primero considera todo lo que encuentra en la experiencia humana como una entidad puramente intramundana, mientras el segundo considera posible un encuentro auténtico con lo divino en el seno de las experiencias de autotrascendencia, que tanto los creyentes como los no cre-

---

[32] Cf. Hans Joas, *El poder de lo sagrado. Una alternativa al relato del desencantamiento*. Barcelona, Herder, 2024.

yentes tienen, y parte por tanto de la posibilidad del encuentro con una trascendencia real.

Escuchamos sobre esto a Juan Martín Velasco: «El enraizamiento de la experiencia cristiana en las experiencias humanas fundamentales descubre un terreno común a quienes se proponen transmitir la fe y a los destinatarios de esa transmisión... la conexión de las experiencias religiosas con las experiencias humanas fundamentales, manifiesta un primer "lugar" hacia el que orientar la propuesta de la fe»[33].

Amor al prójimo y a los pobres: más que una opción

Afirma Francisco que «nadie puede sentirse exceptuado de la preocupación por los pobres y por la justicia social» (EG 201). «Hay un signo que no debe faltar jamás: la opción por los últimos, por aquellos que la sociedad descarta y desecha» (EG 195).

Hablando de la experiencia de Dios escribe Martín Velasco que «esta experiencia no se realiza en un cara a cara imaginario con un Dios que, por ser Misterio absoluto, no puede hacerse presente como objeto de ninguna facultad humana... La iniciación en la experiencia de la fe no comporta la inclusión de los iniciandos en un mundo especial, al margen de aquel en el que discurre su vida. Al contrario, requiere vivir este mundo con toda intensidad, hasta

---

[33] JUAN DE DIOS MARTÍN VELASCO, *o. c.,* p. 119.

descubrir en él la presencia que lo habita. La experiencia de Dios, más que en ver, sentir, captar a Dios, consiste en *vivir la vida humana a la luz de la fe en Dios*»[34]. Es esta una advertencia importante para algunas metodologías evangelizadoras de moda que descuidan el compromiso por los pobres y necesitados. En definitiva, «la fe auténtica e íntegra en el Dios de Jesucristo implica en un mismo movimiento –que es también el propio del Hijo– la apertura al Padre y el amor al prójimo»[35].

He leído con agrado en la reciente declaración *Dignitas infinita (DI)* que Jesús se identificó con los aparentemente *indignos*: «Jesús se identifica con sus hermanos más pequeños: "cada vez que lo hicisteis con uno de estos, mis hermanos más pequeños, conmigo lo hicisteis"» (Mt 25, 40). «En el lenguaje bíblico, los "pequeños" no son sólo los niños por edad, sino los desvalidos, los más insignificantes, los marginados, los oprimidos, los descartados, los pobres, los marginados, los ignorantes, los enfermos, los degradados por los grupos dominantes» (DI 12). «Proclamando que el Reino de Dios pertenece a los pobres, a los humildes, a quienes son despreciados, a los que sufren en el cuerpo y en el espíritu; curando todo tipo de enfermedades y dolencias, incluso las más deshumanizadoras como la lepra... Jesús aportó la gran novedad del reconocimiento de la dignidad de aquellas personas que eran calificadas de "indignas". El ser humano es más "dig-

---

[34] Juan de Dios Martín Velasco, *o. c.*, pp. 94-95.
[35] Juan de Dios Martín Velasco, *o. c.*, p. 96.

no" de respeto y amor cuanto más débil, miserable y sufriente, hasta el punto de perder la propia "figura humana"» (DI 19).

Como dice Halík, «este mundo no necesita un imperio cristiano o una ideología cristiana, el único cristianismo que puede aportar algo tiene que estar ecuménicamente abierto y listo para servir a los necesitados»[36].

El lenguaje del testimonio

El *testimonio* es el lenguaje por excelencia para transmitir la realidad, la presencia de una persona y la fidelidad a la misma. Para Martín Velasco «la eficacia del testimonio reside en que refleja el absoluto de Dios como no podría reflejarlo ninguna otra realidad humana; transparenta la Presencia originante, a la que el creyente-testigo consiente como ninguna otra acción podría hacerlo... En el testimonio, "la huella de la Presencia, presentida en la realidad de la existencia" del testigo, transparenta esa Presencia y constituye su más cercana señal»[37]. Por algo llama el Apocalipsis a Jesús el *testigo fiel*.

Por ejemplo, en Francia ha hecho pensar a muchos el testimonio del gendarme francés Arnauld Beltrame, que sacrificó su vida para salvar a una rehén en marzo de 2018. Arnauld se crió en una familia no practicante, pero a los 33 años se convirtió al catolicismo, recibiendo la Pri-

---

[36] Tomáš Halík, *o. c.*, pp. 151.
[37] Juan de Dios Martín Velasco, *o. c.*, pp. 98-99.

mera comunión y la confirmación en 2008 después de dos años de catecumenado. Se había casado con Marielle en una ceremonia civil en agosto de 2016, pero pensaban casarse por la iglesia en junio de 2018. Antes del ataque terrorista en Trèbes, Beltrame peregrinó a Santiago de Compostela. Con razón Pablo VI afirmó en *Evangelli nuntiandi* 41 que hoy la gente solo escucha a los testigos, a los que dan testimonio con sus obras.

Las comunidades cristianas, sujeto primero de la transmisión

La fe ha de ser transmitida por comunidades cristianas coherentes, consistentes y habitables. Fue el factor decisivo de la primera expansión de la fe cristiana: «Ven y verás», «mirad cómo se aman» … Lo explica bien Martín Velasco: «el contenido de lo que llamamos «transmisión de la fe» o, más ampliamente, del cristianismo, es, en palabras del Libro de los Hechos, una forma de vida. Porque a partir del reconocimiento del Dios de Jesucristo en que consiste la fe, comporta toda una "forma social y visible en las relaciones interhumanas" que abarca, además, el conjunto de la vida. Ahora bien, las comunidades cristianas están llamadas a ser contextos vitales en los que las personas compartan esa nueva forma de vida» [38]. «No hay probablemente lenguaje más eficaz para expresar el reco-

---

[38] Juan de Dios Martín Velasco, *o. c.*, p. 101.

nocimiento de Dios que el testimonio de obras efectivas de amor a los hermanos»[39].

La creación y potenciación de ese tejido comunitario atractivo es tarea prioritaria para las iglesias en crisis. Los Padres de la Iglesia hablaban de *sumergirse* en ellas, de «inmersión en comunidades que favorezcan la opción de los que buscan; *nutritivas, maternales*, que hacen nacer a Cristo en los fieles»[40]. Se dice también en el Documento Final del Sínodo de 2018 sobre los Jóvenes: «En las relaciones –con Cristo, con los demás, en la comunidad– es donde se transmite la fe» *(DF 122)*. «De hecho, lo que evangeliza es la calidad de tales relaciones» *(DF 128)*.

Facilitar al sujeto un sistema significativo
y coherente de mediaciones

Tomo esta sugerencia de Juan Martín Velasco: «Sucede con frecuencia que numerosas personas no disponen de otro lenguaje que el científico-técnico, instrumental, que ha reprimido y olvidado los niveles más profundos de la razón humana que se expresan en los lenguajes simbólicos, en el ejercicio de la dimensión estética. Tales personas, en esas circunstancias, se encuentran en la incapacidad de identificar, nombrar e integrar en su experiencia

---

[39] JUAN DE DIOS MARTÍN VELASCO, *o. c.*, p. 104.
[40] Cf. CONFERENCIA DE LOS OBISPOS DE FRANCIA, *Texto nacional para la orientación de la catequesis en Francia y principios de organización*. Madrid, CCS, 2008, pp. 14. 18. 28. 31-34. 40.

ordinaria la realidad que a través de esos destellos de trascendencia ha irrumpido en sus vidas»[41]. «Trasmitir la fe
supone el trabajo –añadido al del testimonio– de expresar
la realidad en la que cree, en representaciones, imágenes,
nociones, símbolos y formas de vida en los que sus contemporáneos sean capaces de percibir el valor sumo, la
suprema belleza, la verdad última que los creyentes iden-
tificamos y veneramos como Dios»[42].

En la actualidad, Hans Joas hace la misma propuesta.
Para él, cuando una persona tiene fuertes experiencias de
autotrascendencia, experiencias de universalidad antro-
pológica (que no todas son experiencias religiosas, pues
pueden ser profanas o seculares), necesita herramientas
para *interpretarlas*. Añade Joas que, de hecho, el creyente
tiene disponible una fuente con la que interpretar lo que
le pasa en ciertas experiencias de autotrascendencia: ¿no
me estará pasando lo mismo que les pasó a los discípulos
de Jesús, a Teresa de Jesús o a Juan de la Cruz... o a tantos
otros creyentes? Se deben cuidar mucho esas mediaciones
provenientes de la buena tradición cristiana.

En el libro ya citado de AECA, *Hacia un nuevo paradigma de la iniciación cristiana hoy*, se afirma que en una
sociedad como la nuestra es preciso superar el plantea-
miento de transmitir la fe mediante la simple reproduc-
ción repetitiva de conceptos intelectuales... Cada cual ha
de acoger todos los elementos de la integralidad de la fe y,

---

[41] Juan de Dios Martín Velasco, *o. c.*, p. 105.
[42] Juan de Dios Martín Velasco, *o. c.*, p. 106.

en fidelidad eclesial, *hacerlos originalmente suyos componiendo unitaria y armónicamente* su identidad creyente.

Una fe hermenéutica

La persona creyente hoy ha de ser capaz de interpretar y explicar (y explicarse) lo esencial de la fe. Y han de proporcionársele herramientas para ello en su iniciación. Hablamos de una fe elegida, consciente, madura... que «sabe dar razón de su esperanza» (1Pe 3,15). En un documental de televisión reciente, titulado *Religión Z*[43], se presentaban modelos de movimientos juveniles cristianos. Al final una socióloga joven que ha apostatado afirmaba que «somos cristianos por puro azar», por haber nacido en un país católico. La respuesta a ello es una famosa frase de Paul Ricoeur: «Mi cristianismo es un azar transformado en destino por una opción continuada». Una fe hermenéutica es capaz de hacer con madurez esa opción bien informada y mantenerla en el tiempo. No vale hoy el decir: «¡Doctores tiene la Iglesia que sabrán responder mejor que yo...!».

Lo mismo afirman los citados Chales Taylor y Hans Joas: «La fe hoy es una *opción*, una *elección* personal, y lo va a seguir siendo». Hay que preparar al creyente para ello. Lo explica bien este texto del catequeta Álvaro ginel:

---

[43] https://www.cuatro.com/otro-enfoque/a-la-carta/20240501/ver-programa-completo-video_18_012379025.html [Consulta 31.05.2024].

«Las grandes compañías informáticas nos inician en el manejo del programa concreto pero reservan con gran secreto la fórmula de fondo, lo que llaman el *código-fuente*, para que el cliente disponga de la receta, pero no del "misterio" de su fórmula. La IC es todo lo contrario: aproxima, entreabre, y desvela los secretos de la vida cristiana a los que se inician para que éstos puedan caminar y adentrarse personalmente y comunitariamente el misterio revelado en Cristo Jesús. En nuestra sociedad, hay que iniciar de modo que el iniciado tenga los recursos y vivencias que le posibiliten buscar por sí mismo las fuentes de la vida cristiana. Es decir, ayudarle a que adquiera en la etapa de iniciación una fe personalizada: que sepa rezar, celebrar y dialogar de tú a tú con el Dios de Jesús guiado por la fuerza del Espíritu, que sepa profundizar los contenidos esenciales de la fe, que sepa comprometerse en la caridad y acción social, que sepa percibir las señales de Reino en el entramado de la historia humana y personal... No queremos decir que sea un cristiano individualista, pero sí con una fe personalizada e interiorizada».

Por todo esto, cada vez más personas llegan a la fe *por cauces propios*. Es el caso de la escritora Ana Iris Simón. Procedente de familia no creyente y de orientación comunista, ha descubierto la fe a los 30 años. Y lo explica así: su retorno al catolicismo no guarda relación con la política, sino con un cansancio respecto a la deriva de nuestra sociedad: «Hasta cierto punto, el anticlericalismo de generaciones anteriores era entendible, puesto que vivieron una dictadura nacionalcatólica, pero creo que los ataques hacia mi persona vienen en este sentido dados por "mi creencia en la existencia de un sentido de la vida", de una trascendencia, que no encaja en un mundo en el que el materialismo ha dado paso al nihilismo más absoluto y zafio». En la Pascua de 2024 se han bautizado en Francia unos doce mil adultos. Hemos de estar atentos a estos nuevos cauces y su modo de optar por una fe adulta y consciente.

Quiero terminar con el mismo texto del libro de Juan Martín Velasco que he ido citando. Un texto de Bonhoeffer:

> «No nos toca a nosotros predecir el día –pero este día vendrá– en que de nuevo habrá hombres llamados a pronunciar la palabra de Dios de tal modo que el mundo será transformado y renovado por ella. Será un lenguaje nuevo, quizá totalmente arreligioso, pero liberador y redentor como el lenguaje de Cristo... Hasta entonces, la actividad de los cristianos será oculta y callada; pero habrá hombres que rezarán, actuarán con justicia y esperarán el tiempo de Dios.
>
> Que tú seas uno de ellos y que alguna vez pueda decirse de ti: "La senda de los justos es como la luz de la aurora, que va en aumento hasta que el día es perfecto" (Prov 4,18)» [44].

---

[44] Juan de Dios Martín Velasco, *o. c.*, pp. 141-142.

CLAUSURA

Francisco J. Romero Galván
Director de la Comisión de Evangelización,
Catequesis y Catecumenado
de la Conferencia Episcopal Española

Muy bien, pues toca, como se acaba de decir, llegar a la conclusión de todo este magnífico encuentro de este día. Por una parte, hablamos de Conversaciones PPC y, ciertamente, que todo esto ha sido una buena conversación sobre un tema apasionante para todos nosotros, los que hoy hemos participado en ella. Pero, además, este tema apasionante para todos nosotros no se cierra sino que sigue vivo en todos nosotros con la posibilidad, cada cual en el entorno en el que vamos desarrollando nuestra vida, nuestra reflexión, nuestra vivencia de la fe, podamos seguir planteando todas esas inquietudes que aquí hemos tratado de plantear. Pero que en ningún caso están cerradas, sino que todas están abiertas para ayudarnos a continuar con ellas.

Es verdad que nuestro tema era en torno a la evangelización con esa certeza de que hay que evangelizar y hay que evangelizar porque esa es la misión de la Iglesia. Y en ello tenemos que empeñarnos todos, porque Jesús nos dijo que fuésemos al mundo entero y anunciásemos el Evangelio, y que tuviéramos la certeza y la seguridad de que él estaría con nosotros todos los días hasta el final de los tiempos. Esta segunda parte nos la tenemos que creer porque si no, nuestra reflexión quedaría solamente en un pensamiento, pero, no en una forma de ser y de vivir que dimana de la palabra de Cristo, en definitiva, del Evangelio. Seguimos llamados de manera imperativa a evangelizar, pero «para evangelizar ¿todo vale?» esa la pregunta de partida y la que ese primer vídeo que se nos ilustró al inicio y que nos ponía en sintonía con todo lo que a lo largo de la jornada hemos estado planteando.

«¿Todo vale?» Pues, mirad, hay muchas iniciativas en la Iglesia. Se han presentado algunos de los métodos de ese primer anuncio y hemos reflexionado en torno a ellos. Además, está la pastoral ordinaria que se va haciendo en la Iglesia, en el trabajo de tú a tú, en la encarnación, en el diálogo, en la vida misma, allí tenemos que saber presentar el mensaje del Evangelio. Y, todo eso hará posible que, con la gracia del Señor, la fe se pueda suscitar y pueda tratar de iluminar la vida de muchos de nuestros contemporáneos.

Pero la gran pregunta que a mí me ha parecido que faltó como respuesta en la mesa redonda era, después de todos esos métodos o iniciativas: ¿Qué?, ¿hacia dónde nos tenemos que encaminar?, ¿a quedarnos solo, como se hablaba, en ese impacto?; o sino ¿en el propio impacto? ¿en tratar de de hacer que que la persona se encuentre con el Señor y punto?; o ¿es necesario que una vez que eso ocurre nosotros seamos capaces de llevar a esas personas de la mano para acompañarlas a lo largo de un proceso, un proceso de iniciación cristiana, que permita a esas personas madurar en su fe, hacer un esqueleto en su vida cristiana, y tratar de darse, primero a sí mismas, razones por las que creen y al mundo que les rodea?

Es decir, necesitamos, por tanto, que nos convenzamos todos de la necesidad de que en ese trabajo que estamos haciendo de primer anuncio haya una continuidad. Y despertemos, en todos, el deseo de decir: «Ánimo con lo que hacemos». Pero esto no puede quedar ahí, sino que tenemos que seguir desarrollándolo a través de un proceso y un proceso maduro de iniciación cristiana. Tenemos que acompañar. Por eso la iniciativa que os presentaba también esta mañana de El Catecismo para adultos, que quiere ser precisamente una apuesta, un camino para hacer ese acompañamiento.

Por lo tanto, invitaros, invitarme a mí mismo, a seguir trabajando en esta tarea hermosa de la evangelización, que aquello que nos decía san Juan Pablo II: «Necesitamos para la nueva evangelización, un nuevo lenguaje, nuevos métodos pero también un nuevo ardor». Sin el ardor ya podemos tener el mejor lenguaje, ya podemos tener los mejores métodos, que si nos falta esa fuerza, que debe ser expresión y testimonio de nuestra vida, nos falta lo fundamental.

Así que sigamos adelante con la misión, con la tarea de la evangelización, y que sigamos conversando y buscando la verdad en este momento en el que pasamos de una época a otra, que es un reto y es una realidad apasionante para todos. Muchas gracias.

ÍNDICE